Les Photos d'Anny

Anny Duperey

Les Photos d'Anny

récit

Éditions du Seuil
25, bd Romain-Rolland, Paris XIVe

ISBN 978-2-02-140710-5

www.seuil.com

Mon appareil

J'avais entre vingt-trois et vingt-quatre ans lorsque j'acquis mon appareil photo, donc en 1971. Je ne précise pas « mon premier appareil », comme on le fait souvent à propos des objets dont l'achat remonte à quelque cinquante ans, car je n'en ai jamais eu qu'un : je le possède toujours.

C'est un Leicaflex à cellule incorporée, avec un objectif 50 mm, censé être le plus proche du champ de vision humain, un 28 mm pour les plans très larges – dont je me servis peu – un 90 mm qui n'appelle aucun commentaire, et surtout un téléobjectif 180 mm, qui devint très vite mon favori pour les portraits, car il donne au sujet une belle présence en laissant dans le flou les arrière-plans. J'étais carrément amoureuse de ce 180 mm, pourtant épouvantablement lourd à manier (presque un kilo à lui tout seul, auquel il faut ajouter le poids du boîtier), tant il apportait de magie, de moelleux à l'image. Je me suis énormément servie de cet « objectif qui rend beau » comme le fait un regard amoureux sur un visage, magnifié par l'attention qu'on lui porte, effaçant les détails du décor.

Je parle bien sûr d'un de ces appareils dits « argentiques », c'est-à-dire avec lesquels on employait des pellicules, de 24 ou 36 poses, qu'il fallait ensuite développer, ou faire développer, suivant un processus délicat et compliqué, employant plusieurs produits successifs, pour obtenir un négatif, dont il fallait ensuite faire un tirage papier – c'est-à-dire qu'on devait projeter, dans le noir, grâce à un « agrandisseur », le négatif sur un papier sensible qu'il fallait à son tour développer, avec un « révélateur », puis un « fixateur », opération suivie d'un lavage, d'un séchage, voire d'un « glaçage » avec un appareil spécial si l'on souhaitait une photo brillante. Autant dire que « je parle d'un temps que les moins de vingt ans… », comme dit la chanson, où l'on n'appuyait pas à la légère sur le déclencheur !

Auparavant, jamais je n'avais eu envie de faire une seule photo. Pourtant je savais que mon père décédé avait été photographe professionnel (ainsi que ma mère, d'ailleurs, décédée avec lui, mais qui abandonna ce métier à ma naissance). Il avait exposé ses œuvres plusieurs fois, avec un groupe de photographes amis, le « Groupe des Sept », à Rouen, avant sa mort précoce à l'âge de trente-deux ans. Et je savais qu'il avait même reçu un prix prestigieux, décerné par un célèbre magazine américain, *Annual Photography*, pour une photographie d'arbres dénudés qu'il avait légendée « Colloque sentimental ». Je connaissais cette photo, ainsi que deux ou trois autres – très peu, en vérité – exposées aux murs de ma maison d'enfance et chez un oncle.

En fait cela m'intéressait peu. Il était mort et sa jeune carrière avec lui – qu'y avait-il à chercher ? C'était fini.

Il faut dire que j'étais encore – et surtout à cet âge – dans un déni total de ma souffrance d'orpheline. Je tentais surtout de ne JAMAIS penser à ces parents morts, et encore moins aux photos de mon père ! Ma naissante carrière de comédienne, orientée à cette époque encore exclusivement vers le cinéma, m'entraînait vers le « paraître », et le souci de l'image de « moi actrice », comme une armure, m'aidait à préserver une force qui n'était pas seulement de façade : occultant ce qui aurait pu m'affaiblir, cette armure du paraître fut certainement salvatrice. Je n'aurais pas pu, dans ces années de jeunesse, faire face à une douleur et à des regrets d'une telle profondeur, ils m'auraient broyée.

J'étais belle, j'allais tous les ans au Festival de Cannes, dans des tas de manifestations autour du cinéma, c'est dire que j'étais très souvent photographiée. Mais il ne me serait jamais venu à l'idée de saisir un appareil pour mitrailler à mon tour le photographe !

Or, un jour, un homme qui n'était pas du tout un professionnel, mais un passionné de photographie en amateur, me demanda de faire une séance de pose pour lui, un dimanche, en extérieur. Nous n'allâmes pas bien loin pour ce faire, il y avait un jardin public à deux pas du studio dans lequel j'habitais à l'époque.

Lorsqu'il eut pris de nombreux clichés de ma personne sous toutes les coutures, il me demanda, par jeu, de faire à mon tour quelques portraits de lui. Je me saisis donc de son appareil, et, pour la première fois de ma vie, regardai dans le viseur…

Je ne sais pas exactement ce qui se passa en moi. Je fis quelques photos. J'essayai un objectif différent, puis un autre. Je ne pouvais pas quitter cet appareil ! Un intérêt si soudain amusa mon photographe amateur et il me proposa, puisque je n'avais apparemment aucune envie d'arrêter, de garder toute la semaine un matériel qui ne lui serait d'aucune utilité entre-temps à son bureau, il le reprendrait le week-end suivant. J'acceptai avec joie, et repartis chez moi avec son énorme sac à l'épaule.

Je ne me souviens pas nettement de ce que j'en fis, cette semaine-là. Je crois que je me familiarisai avec le maniement de l'appareil, le mécanisme de changement des objectifs. Il m'avait laissé une pellicule, dont je me servis peu, car je craignais de sortir de chez moi avec des objets si précieux qui ne m'appartenaient pas. Je regardai beaucoup dans le viseur, en faisant le tour de mon minuscule studio, imaginant ce que donnerait tel ou tel cadrage, surveillant la petite aiguille à droite, qui indiquait s'il y avait trop peu ou trop de lumière, pour ouvrir plus ou moins l'obturateur. Le plus gros objectif, surtout, me fascinait – on aura compris, je pense, qu'il s'agissait déjà du fameux 180 mm… – et je ne me lassais pas de faire des gros plans imaginaires de ce qui m'entourait, découvrant que n'importe quel objet ordinaire se trouvait incroyablement mis en valeur par lui. Et je me souvenais de ce que le propriétaire de l'appareil m'avait dit : « C'est un téléobjectif très rare, car il ouvre à 2.8… »

Déclaration totalement mystérieuse pour moi lorsque je l'entendis, et qui le reste à l'époque actuelle pour la plupart des gens ! Mais ceux qui ont fait de la photo argentique auront compris, bien sûr, en quoi consistait ce détail précieux : plus un téléobjectif est puissant, plus il réclame une intensité de lumière assez forte pour traverser les multiples lentilles internes qui grossissent le sujet photographié, pour finalement impressionner la pellicule. Celui-ci en réclamait très peu, et l'on pouvait faire de belles photos avec peu de luminosité.

Une chose importante se passa lors de cette première expérience photographique : pour la première fois, je n'étais plus celle qui était regardée, je n'étais plus l'objet, ou le « sujet », c'est moi qui regardais. Tandis que mon attention se concentrait sur les cadrages, tentant de capter le mieux possible ce que je voyais dans l'objectif, je n'étais plus qu'un regard et j'oubliais le paraître.

Titi dans son panier – 180 mm et profondeur de champ...

Marie Dubois – Un œil net, l'autre flou...

C'est exactement à la même époque, d'ailleurs, que je revins sainement à la pratique théâtrale chez Jean-Louis Barrault et que je mis en œuvre, aussi, l'ébauche de mon premier roman. Bien qu'il semble n'y avoir aucun rapport entre ces diverses activités artistiques, est-ce vraiment un hasard ?

Je rendis le sac et le matériel le dimanche suivant à son propriétaire, comme convenu, mais avec un objectif – c'est le cas de le dire – en tête : acheter dès que possible le même matériel, exactement le même, qu'en une semaine j'avais senti « mien ». Je fonçai chez Leica.

Le tout valait une fortune, pour moi, à l'époque. Mes cachets de comédienne n'étaient pas énormes. Mais qu'importe, il me fallait cet appareil, et au moins le fameux 180 mm tant convoité. Pour les autres objectifs, je verrais plus tard, mais il me fallait au moins ça, et un beau sac photo en cuir noir pour enfermer et protéger mon trésor.

Ce sac, je l'ai toujours, avec son précieux chargement – c'est-à-dire des choses que l'on trouve à présent aux puces ou en brocante pour quelques euros, puisque cela ne vaut plus rien. Depuis la disparition de la photo argentique, à l'âge du numérique, qui estimerait précieux d'impressionner une pellicule, surtout en noir et blanc ?

Ce sac photo en cuir noir, je l'ai trimbalé pendant une vingtaine d'années, dans les théâtres, sur les tournages, en vacances, partout. Quoi que je fasse, il était hors de question que je n'aie pas mon appareil à portée de main. Pauvre sac, si râpé, cabossé, usé, qu'on dirait celui d'un reporter de guerre ! Il est toujours là, et le trésor qu'il renferme, intact, même si ce trésor semble à présent dérisoire...

Alors, bien sûr, j'ai fait comme tout le monde. J'ai arrêté d'impressionner des pellicules – qu'on ne sait même plus où faire développer, faute de laboratoires. Comme tout le monde, je me suis mise à capter des tas d'images avec des « petits trucs » informatiques. Des images que l'on peut traiter, transformer à volonté – même en noir et blanc ! – et surtout effacer, puisqu'on en fait des tas, en cliquant à tort et à travers. Ça ne coûte rien, c'est sans importance. On les garde dans un ordinateur, et on s'étonne un jour d'avoir accumulé des milliers d'images que l'on ne regarde jamais.

Bien sûr, on peut faire de jolies choses, avec les « petits trucs », et il y a aussi de beaux appareils numériques, nantis d'objectifs sophistiqués.

Je n'ai jamais pu me décider à en acheter un...

Pourquoi pas, puisque les temps ont changé ?

Je ne peux pas. Il me manque le mystère. Il me manque la concentration, l'affût pour réussir à capter l'instant unique, fugitif. Il y avait quelque chose du chasseur quand on cherchait la belle photo, un éclat de lumière, un instant d'abandon véritable sur un visage. On ne pouvait pas faire trente-six mille clichés, il y en avait peu sur une pellicule, il fallait viser juste. À présent on ne s'enquiquine pas avec l'affût, on fait une rafale, et au milieu il y en aura sans doute une de bonne – comme un mauvais chasseur qui arroserait sa proie avec une mitrailleuse pour être sûr de la toucher.

Et puis, en attendant que la pellicule soit développée, il y avait l'attente, il y avait l'espoir. Et découvrir ensuite la « planche-contact » avec les minuscules « positifs » du négatif, tirés à la va-vite, juste pour donner une idée de ce que la bobine renfermait. Et le trac, alors, de découvrir, peut-être, que ce que vous aviez cru saisir de beau vous avait échappé... Et la joie, parfois, de discerner que, dans la toute petite image de 24 × 36 mm, il semblait y avoir ce que vous aviez tenté de capter... Et parfois aussi, une surprise, un petit miracle, très rare : la magie de la pellicule avait rendu plus beau, sur le cliché, ce que vous aviez vu dans la réalité...

Et le suspense n'était pas fini ! Il fallait ensuite développer une véritable photo, et voir si les promesses qu'il semblait y avoir dans le minuscule contact étaient toujours présentes à l'agrandissement.

Ah ! Projeter le négatif choisi, glissé dans l'agrandisseur, sur le papier blanc. Plonger celui-ci dans le bain de révélateur, et voir l'image apparaître lentement, très lentement, le cœur battant et à l'affût, encore, du défaut, de ce qui serait rattrapable ou pas : « Trop foncé... mais le coin de ciel surexposé… l'image ne sera pas équilibrée… Zut ! Un léger flou qui ne se voyait pas sur le contact… »

En somme, au moins huit jours d'émotions diverses entre le moment où vous aviez appuyé sur le déclencheur et le résultat final : une ou deux bonnes photos sur une pellicule de 36 poses, dans le meilleur des cas.

Voilà, c'était cela, faire de la photo, avant la facilité et la banalisation du numérique. Il y avait quelque chose de cérémoniel, de sacré, dans le fait d'« immortaliser » un instant.

Je ne boude pas le plaisir de faire beaucoup d'images de mes petites-filles avec les « petits trucs », de saisir un moment drôle, un anniversaire.

Mais voilà pourquoi j'affirme que je n'ai jamais eu, et n'aurai jamais, je crois, qu'un seul appareil, celui qui a fait toutes les photographies de ce livre.

La fenêtre inaccessible

Titi dans le couloir

Brume

Herbes et mer

Pitou

Le premier modèle

Peu de temps après l'achat de mon appareil – peut-être un an après, je ne me souviens plus – ma jeune sœur, de huit ans exactement ma cadette, vint me rejoindre à Paris pour vivre avec moi.

Elle avait cinq mois lorsque j'avais trouvé nos parents morts, asphyxiés, dans cette maison neuve – et mal finie – où nous avions emménagé depuis peu. Ensuite, nous avions, elle et moi, été élevées séparément.

J'ai déjà relaté ces douloureux événements dans d'autres ouvrages, je ne vais donc pas m'étendre à nouveau sur les circonstances qui nous ont amenées à être séparées, ma sœur et moi. Nous nous voyions parfois le week-end, lors de visites assez longues au début, puis de plus en plus rares, nos huit ans de différence d'âge ne facilitant guère une véritable complicité. Quelques bisous de loin en loin semblaient nous suffire.

Quand je partis à Paris, à tout juste dix-sept ans, pour entrer au Conservatoire d'art dramatique, elle n'avait que neuf ans. Comme j'eus presque immédiatement une vie professionnelle au théâtre, je revenais rarement à Rouen, et mes courtes visites étaient prioritairement réservées à ma tante, sœur de mon père – cette Tata qui avait si intelligemment encouragé mes vocations artistiques, et que j'adorais.

Ma petite sœur, je ne la voyais presque plus. J'étais à des années-lumière de ses jeux d'enfant. Qu'aurais-je eu à raconter, de ma vie théâtrale et parisienne, à une gamine de dix, onze, douze ans ?

Nous nous aimions à distance, sans nous connaître vraiment. Nées du même père, de la même mère disparus, nous chérissions « l'autre et semblable » à l'égal d'un fantasme sacré. « Sœur » était le plus beau mot du monde, il contenait la promesse de retrouvailles magnifiques, un jour. Un jour...

Pour ma part, j'attendais qu'elle grandisse, que nous puissions alors avoir une complicité que j'idéalisais. Elle serait la future amie qui m'était destinée, la plus proche, l'irremplaçable, celle qui comprendrait tout de moi, et moi tout d'elle.

De son côté, qu'attendait-elle de cette grande sœur lointaine, presque inconnue, qu'on commençait à voir sur les couvertures des magazines, au cinéma ? J'allais le découvrir lorsqu'elle débarqua brusquement chez moi, alors qu'elle avait entre quinze et seize ans.

Elle était partie de Rouen sans rien emporter, juste l'argent du voyage, c'était quasiment une fugue. Elle fuyait une famille maternelle où le drame de la mort de nos

Pitou, 12 ans, lors d'une de ses rares visites – et aux doigts, déjà,
la cigarette qui la tuera, plus tard…

parents était omniprésent, et surtout un métier de vendeuse vers lequel on l'avait orientée malgré elle pour qu'elle « gagne sa vie le plus vite possible ».

Il ne fut guère simple pour la jeune femme que j'étais, à la vie on ne peut plus remuante, vivant dans un studio meublé, d'hériter d'une grande adolescente paumée à habiller, à nourrir, à loger. Elle me suivait partout, sur les tournages, dans les loges des théâtres, où elle attendait que j'aie fini de faire l'histrionne.

Les premiers temps furent toutefois assez magiques pour nous deux, pleins de fous rires idiots, de jeux, d'instants de bêtification délicieux – nous avions toute une enfance commune volée à rattraper.

Puis j'eus l'idée de la photographier...

Mon appareil photographique m'avait jusque-là relativement peu servi. J'organisai pour ma sœur de véritables séances de pose. Je tendis un drap sur les murs, ou des tissus pour avoir un fond, j'achetai des projecteurs, des pieds réglables pour les tenir, les disposer autour d'elle. Puis je la maquillai, elle qui ne mettait même pas une crème hydratante sur sa peau, je tentai de lisser, de coiffer du mieux que je pouvais ses cheveux fins et indomptables. Parfois nous sortions « en extérieur », et je l'encourageais à faire le clown pour moi avec quelques accessoires. Mais c'est à l'intérieur, dans mon studio véritablement transformé en... studio photo, que nous passions le plus de temps, des soirées entières. Elle ne s'en lassait jamais, prenant plaisir à ce que je la costume, la déguise avec mes robes, elle qui ne s'habillait ordinairement que de pantalons et pulls noirs. Je travaillais la lumière, les contre-jour, épiant sur son visage une expression nouvelle, un éclat dans le regard à capter, à magnifier.

Je n'eus absolument pas conscience, à l'époque, du côté cérémoniel de ces séances. Je la touchais, l'embellissais, la regardais comme un sujet unique et passionnant. Je passais des heures à lui consacrer toute mon attention, cherchant en elle des facettes de personnalités différentes. Je photographiais ce qu'elle était, mais aussi ce qu'elle pourrait être, lui suggérant ainsi des identités possibles, elle qui se cherchait si douloureusement : « Tu vois comme tu peux être belle, intéressante, intense ou mystérieuse, sur ces images que je fais de toi. Tu peux être ce que TU VEUX ! »

Plus tard, lorsque je découvris enfin toutes les photos de mon père, je trouvai une quantité de portraits de moi enfant. Jusqu'à mes huit ans – jusqu'à sa mort, donc – mon père m'avait photographiée en toutes circonstances, abondamment, dans la vie quotidienne, en vacances à la mer, allant même jusqu'à me réveiller la nuit, m'a-t-on raconté, pour immortaliser mon visage et mon regard mal réveillés, qui l'émouvaient. Je trouvai aussi une série de clichés de moi à trois ou quatre ans, joliment habillée,

Le personnage de *La Strada* n'est pas loin…

coiffée, radieuse, sur un fond neutre de tissu – une sorte de studio probablement installé chez nous, avec un drap tendu au mur.

Exactement comme je l'avais fait avec ma sœur…

J'avais quarante ans lorsque je regardai enfin les photos de mon père, dont j'avais fait faire des tirages, après que les négatifs eurent dormi si longtemps dans le tiroir d'une commode, que j'appelais « la commode sarcophage ». C'est seulement alors que je compris que j'avais tenté de le remplacer en regardant ma sœur comme il n'avait pu le faire, jouant, pendant ces longues séances de pose, le rôle qu'il aurait pu avoir s'il avait vécu assez longtemps pour la photographier, comme il l'avait fait avec moi.

Ce pauvre bébé orphelin de cinq mois n'avait pas eu le temps d'exister dans son regard.

Mais on ne rattrape pas le temps perdu, comme on ne peut remplacer ces parents qui ont si cruellement manqué, même avec l'amour et la meilleure volonté d'une grande sœur. Mes efforts demeurèrent vains pour la conduire vers une voie personnelle qui lui aurait convenu, une autonomie salutaire. Elle voulait juste rester collée à moi, que je remplace à la fois le père et la mère nourricière, rien d'autre.

Lorsque je lui parlai de consulter un psychologue, elle s'enfuit, aussi brusquement qu'elle avait débarqué dans ma vie. Je ne la revis que des années plus tard…

Encore aujourd'hui, lorsque je regarde les portraits que je fis d'elle pendant cette période – j'en publie ici quelques-uns – ces images me bouleversent.

J'y vois mon amour pour elle, mais aussi mes efforts vains, ma bonne volonté impuissante. Sous le maquillage, je vois le désarroi, la douleur, son regard triste de petit personnage digne de *La Strada* de Fellini, avec ses cheveux qu'elle coupa elle-même et décolora à la diable un jour, pendant que je m'étais absentée pour travailler. Et sur cette photo de profil, je ne vois que la main aux doigts terriblement rongés, et le regard perdu et plein d'angoisse.

Je ne la photographiai jamais plus.

Heureusement, il y eut pour elle d'autres saisons, d'autres âges, et du bonheur sur son chemin. Un chemin bien trop court…

Pitou clown

Pitou dramatique

Chat blanc et bouquet sec

Mon laboratoire

Très vite, je me lassai de devoir attendre une semaine que mes pellicules soient développées par un laboratoire, puis plusieurs jours encore pour que soient réalisés des tirages sur papier des clichés choisis un peu arbitrairement sur les planches-contacts – il est très difficile de discerner la qualité d'une photo, d'un portrait, ce qu'il rendra en grand format, sur une image de la taille d'un timbre-poste ! En cas d'erreur, il fallait faire un autre choix, de nouveaux tirages. Tout cela était très cher pour ma bourse de comédienne débutante.

J'avais retrouvé un cahier de mon père, où il avait noté la composition chimique de ses produits de développement photographique. Je me renseignai sur les ingrédients consignés sur ces pages – me restent en mémoire quelques-uns de ces noms à consonance barbare : « borax », « hydroquinone », « hyposulfite », entre autres – mais il se révéla difficile de les trouver. Détail crucial, mon père avait noté très précisément les proportions en grammes de ces produits, mais... avait omis de préciser le volume d'eau exact dans lequel ils devaient être dilués ! Je suppose que ce cahier de notes l'aidait dans ses recherches techniques, et que, la quantité finale de produit devant être évidente pour lui, il n'avait pas jugé nécessaire de l'écrire.

Il y avait aussi des formules chimiques permettant de faire des tirages virant au sépia, à l'ancienne, au rouge, ou même au bleu cyan, ce qui donnait des images originales.

Puis je découvris assez vite qu'il y avait, dans les magasins spécialisés pour photographes, des produits tout faits, prêts à l'emploi ou concentrés à diluer, qui étaient excellents, et toutes sortes de papiers en formats variés, multigrades, doux, extra-doux, ou plus durs, privilégiant des images en demi-teinte, ou plus contrastées, avec des noirs bien marqués. À cette époque, dans les années 1970, le numérique n'étant pas encore d'actualité, on trouvait couramment tout le matériel nécessaire, pour professionnels ou amateurs – impressionner une pellicule et la développer était encore le seul moyen d'obtenir une photo.

Je décidai donc d'investir dans un véritable laboratoire à domicile !

Fort heureusement, le lieu où j'habitais, au début de cette passion pour la photographie, était nanti d'une salle de bains relativement vaste, équipée d'une grande baignoire à l'ancienne, aux pieds de lion, assez haute. Je me procurai deux planches de 1 m × 60 cm à poser à chaque extrémité, l'une, à gauche, pour soutenir le bac de révélateur, celle de droite pour le bain d'arrêt-fixateur, l'espace au milieu permettant le lavage entre les deux opérations, directement dans la baignoire auparavant remplie d'eau. Un meuble, à côté, supportait un agrandisseur, avec toutes les boîtes de papiers en différents formats sur ses étagères, au-dessous. L'éclairage était fourni par une ampoule rouge ou orange qui permettait, après accoutumance de l'œil, d'assez bien distinguer au cours du développement, dans les bacs, la définition, les contrastes, sans compromettre le processus de tirage – allumer la lumière normale, blanche, de la salle de bains, même une seconde, et c'était un papier tout noir qui sortait du révélateur !

Petit à petit, je perfectionnai ce laboratoire avec l'apport de différents accessoires : une loupe spéciale pour scruter le grain du négatif projeté par l'agrandisseur sur le papier, afin de faire le point le plus précisément possible et d'obtenir une image très nette, une glaceuse-sécheuse pour avoir des photos très brillantes, des bains de virage en sépia, etc.

Le temps passe très vite, à faire du tirage photographique ! J'étais si passionnée qu'il m'est arrivé bien des fois de voir le jour se lever, après être restée toute la nuit dans mon laboratoire amateur à essayer divers temps d'exposition du papier, suivant la densité du négatif, à les noter, à faire des essais en petites photos préliminaires pour ne pas gâcher trop de grandes feuilles, à fabriquer des « caches » (morceaux de carton de différentes tailles et formes, collés au bout d'un fin fil de fer) qu'il fallait agiter doucement au-dessus d'une zone du papier pour qu'elle soit moins longtemps exposée à la lumière projetée par l'agrandisseur, afin, par exemple, qu'une partie sombre soit moins noire et qu'on puisse y discerner des détails, ou qu'un ciel déjà très clair soit moins « surexposé »…

Au début, je développais mes photos uniquement le soir, pour que la clarté du jour ne gêne pas mon travail. Or, le plus souvent… je jouais au théâtre, le soir ! Pour œuvrer au laboratoire dans la journée, il fallait que j'occulte complètement une fenêtre et une porte vitrée par lesquelles la lumière pénétrait dans la salle de bains.

Je me souvins alors que, sur mes tournages, lorsqu'on voulait faire une scène de nuit alors qu'on tournait pendant la journée, les techniciens voilaient les fenêtres avec du « borniol ». Le borniol est un drap noir épais et absolument opaque qui tient son nom d'une célèbre entreprise de pompes funèbres du XIXe siècle, ce tissu étant alors prioritairement employé comme tenture à l'entrée des maisons frappées par le deuil. On surnommait couramment les croque-morts « ces messieurs de la maison Borniol », et ce nom est même devenu un verbe lorsque les machinistes, sur un film, vont « bornioler » les fenêtres.

Je me rendis donc au marché Saint-Pierre, en dessous du Sacré-Cœur, où sont installés tous les marchands de tissus, passementerie, mercerie de la capitale, et j'en repartis avec un métrage suffisant de borniol pour faire la nuit en plein jour dans mon laboratoire.

Si mon père était photographe, une de mes grands-mères était couturière et je tenais d'elle un certain don pour la couture.

Et si le numérique n'était pas encore inventé, le Velcro l'était déjà, ce qui me permit d'agrafer le ruban muni de crampons tout autour des vitres pour y appliquer mon borniol à la taille exacte de l'ouverture, bordé de l'autre partie du ruban, afin qu'aucun rai de lumière intempestif ne vienne gêner le développement. Tant que l'on n'a pas expérimenté le borniol, il est difficile de croire qu'un simple tissu puisse créer le noir total dans une pièce, or l'efficacité est impressionnante : on ne voit véritablement plus rien !

Bientôt, après une séance de prises de vue – par exemple pour une série de portraits d'amis comédiens – je ne supportai plus d'avoir à emporter mes bobines de pellicule à un laboratoire en ville. Je voulus voir le résultat le jour même.

Je me lançai alors dans l'opération la plus risquée du photographe amateur : le développement de la pellicule, c'est-à-dire du négatif sans lequel la photo n'existe pas. Une erreur de dosage, de manipulation ou de temps de trempage dans l'un ou l'autre des bains chimiques, et c'était 36 clichés foutus et vos espoirs avec !

L'opération avait lieu dans une boîte noire étanche, munie d'un couvercle. À l'intérieur, un ingénieux système permettait d'enrouler petit à petit la pellicule sur une molette crantée – les pellicules photographiques en 24 × 36 mm, comme celles de l'ancien cinématographe, étant percées sur les bords de petits trous réguliers – qui se lovait ainsi, sur toute sa longueur, en cercles concentriques espacés de quelques millimètres entre eux, pour que les produits puissent circuler et baigner l'ensemble. On refermait ensuite la boîte noire avec son couvercle, muni d'un petit orifice qui permettait d'y verser révélateur, puis eau de rinçage et enfin fixateur, suivant le même principe que le tirage, mais avec des produits un peu différents.

La manipulation, ainsi décrite, ne paraît pas d'une difficulté insurmontable. Mais un détail corsait la chose : elle devait avoir lieu, du début à la fin, dans LE NOIR COMPLET !

Hors de question de laisser allumée la faible ampoule orange ou rouge, ou de laisser filtrer la moindre semi-pénombre dans la pièce, au moins jusqu'à la fermeture de la boîte hermétique. Qui plus est, il fallait être prudent et verser les liquides par l'orifice du couvercle à tâtons, également dans l'obscurité, avant de l'obstruer par un bouchon et de secouer le tout afin que les produits opèrent uniformément sur l'ensemble de la pellicule.

Je me souviens d'avoir été parfois au bord de la crise de nerfs, lorsque au cours de l'opération la plus délicate, l'enroulement de la pellicule, j'entendais tout à coup un « scrotch » fatidique, signe qu'un des petits crans de la pellicule s'était coincé, ou déchiré, bloquant la manœuvre… Impossible d'allumer la lumière. Impuissance totale à voir d'où venait le problème. Ne restait plus qu'à dérouler, au jugé, toute la longueur que la machine crantée avait déjà avalée, en espérant n'avoir pas laissé une flaque d'eau en dessous – la pellicule mouillée transformée en longue tagliatelle gluante aurait été encore plus ingérable – ou que des saletés quelconques ne soient pas venues s'y coller, pour se balader ensuite dans les produits et polluer le résultat final.

Après avoir hurlé de rage tout seul dans le noir, il fallait retrouver le bout de la pellicule, se calmer, l'engager de nouveau dans la machine, cran par cran, en s'épongeant de temps en temps car on était saisi d'une suée d'énervement, et quand enfin – ENFIN, si on était dans un jour de chance – on était parvenu à enrouler le tout, à fermer la boîte et à verser à l'intérieur le bon produit, on pouvait alors rugir de soulagement en allumant la lumière !

Restait le suspense de la découverte des négatifs fixés et lavés, sur l'un desquels peut-être – peut-être ! – il y avait la promesse d'une belle photo.

La description de tout ce processus peut paraître rébarbative et ennuyeuse à notre nouvelle génération habituée à une immédiateté qui ne laisse aucune part

La campagne

La table d'écriture

à l'attente, à la réalisation différée d'un désir, à présent rapidement satisfait, surtout en ce qui concerne les images.

Pourtant, je vous assure, quel plaisir il y avait à mettre en œuvre, patiemment et le cœur battant à la fois, toutes les étapes artisanales pour obtenir une belle photo ! Être responsable de sa réussite du début à la fin, depuis le moment où on avait appuyé sur le déclencheur jusqu'au développement du négatif, puis au tirage du positif sur papier. Émotions inoubliables ! À tel point qu'en les évoquant, l'envie me démange de ressortir l'agrandisseur que j'ai gardé dans un coin de mon grenier, de racheter des bacs…

Mais, séduite moi-même par l'extraordinaire progrès technologique de ce siècle, aurais-je le courage de remettre en service, avant tout, mon si lourd appareil argentique ?

Il y eut un temps pour tout cela, ce long temps qui me menait à mon père…

Pourtant je n'eus pas véritablement conscience de mettre mes pas exactement dans les siens. Ce n'est pas pour cela que je faisais de la photographie, c'était par pur plaisir. Et j'étais si sincèrement passionnée par le travail de laboratoire que je ne songeais pas qu'il avait fait exactement les mêmes choses, les mêmes recherches, qu'il était passé par les mêmes étapes, de semblables heures nocturnes penché au-dessus des bacs, à espérer que la photo qui apparaîtrait lentement dans le révélateur soit aussi belle qu'il l'avait imaginée…

Titi dans les herbes

Une seule fois, j'eus un véritable choc qui me ramena à lui.

C'était tout au début de mon expérience de développement photographique, la première fois que j'installai « pour de bon » mon laboratoire dans la salle de bains. Je versai dans le bac de gauche, au-dessus de ma baignoire, le liquide révélateur puis, dans le bac de droite, le fixateur… et je m'arrêtai, brusquement bouleversée par l'odeur de l'hyposulfite, son principal composant. Cette odeur si particulière me ramena d'un coup à mon enfance, à la vision du laboratoire de fortune que mon père avait aménagé dans un coin du grenier, à côté de notre chambre familiale. Je me souvins précisément de cette petite pièce étroite, presque un couloir, de la disposition des bacs en angle, au fond, de l'énorme agrandisseur qu'il avait construit lui-même, avec l'aide de mon grand-père – son beau-père – projectionniste de cinéma. Je vis aussi la petite ampoule artisanalement barbouillée de rouge, au-dessus des bacs, comme si j'étais là-bas, avec ma taille d'enfant. Il devait m'emmener quelquefois avec lui lorsqu'il y travaillait. J'avais peut-être sept ou huit ans, peu avant son décès et celui de ma mère…

Mystère de la mémoire perdue, et rendue partiellement, fugitivement, à cause d'une sensation. Pour Proust ce fut le goût d'une madeleine, pour moi ce fut l'odeur de l'hyposulfite !

Mais, hélas, ma mémoire ne me rendit que des objets, une lumière, une ambiance entre des murs étroits. Je n'eus pas droit au souvenir du visage de mon père, même pas de ses mains au-dessus du papier…

Mouton encadré

Ogive murée

La statue qui pleure

Les portraits

Personne n'aime être pris en photo. Il est très rare de trouver quelqu'un qui soit heureux, en toute décontraction, d'être devant un objectif. Les hommes rentrent immédiatement leur ventre, les femmes se récrient : « Tu ne vas pas me prendre dans l'état où je suis ! », arrangent leurs cheveux, tirent sur leur robe. Certains vont jusqu'à cacher leur visage derrière leurs mains, ou se défendent en faisant des grimaces : autre forme de fuite. Le véritable naturel est dur à capter, il faut souvent le saisir en douce.

Il est vrai qu'être « dans le viseur » a une connotation vaguement agressive. Même si un appareil photo n'est pas un fusil, on surnomme couramment le photographe un « chasseur d'images », sans parler de la « traque » pratiquée par certains professionnels pour le compte de journaux à sensation… En anglais, on fait des séances de *shooting* de mannequins – là, le vocabulaire évoque carrément le meurtre, avec une jolie fille dans le viseur !

Il n'y a guère que depuis l'apparition du numérique – surtout des portables, utilisés par nos jeunes gens pour faire des images et des selfies à tout va, se les transmettre *illico* ou les envoyer sur les réseaux sociaux pour bien prouver qu'ils étaient à tel endroit, ou avec telle personne connue – que le fait de prendre une photo n'a plus aucun sens sacré, aucune importance. L'image de soi-même qu'on envoie importe généralement peu, il faut juste montrer qu'on a vraiment vécu ceci ou cela. Ce nouveau et abondant partage, parfois exhibitionniste, effacé dès que reçu, est un phénomène actuel qui n'a pas grand-chose à voir avec la photographie.

En fait, avant cela, sa démocratisation était entrée relativement tard dans les mœurs. Dans les années 1950, 1960, et même dans la première moitié des années 1970, lorsque j'achetai mon appareil, faire des photos était un luxe assez rare. La pratique ne devint courante et familiale que lorsque furent inventés des appareils légers, surtout le fameux « Instamatic », bon marché et jetable, qui ne contenait qu'une pellicule, d'un usage facile car il faisait automatiquement le point et qu'on emportait pour faire des souvenirs de vacances.

Jusque-là, on allait chez le photographe se faire tirer un beau portrait lors d'une naissance, d'une communion, ou afin de garder le souvenir du visage d'un parent, raide et bien coiffé. On encadrait la photo, on la regardait trôner sur une commode en se disant « c'est bien lui », ou « c'était bien elle ». En revanche, c'est le photographe qui se déplaçait pour les événements exceptionnels comme les mariages. Pour les photos de classe aussi, réunissant tous les élèves et leur maîtresse à la fin d'une année scolaire – tradition qui perdure d'ailleurs encore dans les écoles !

À part ces photos « officielles », les enfants n'étaient pas, dès leur plus jeune âge, mitraillés abondamment – tiens, encore un terme guerrier ! – par leurs parents, comme je l'ai été par mon père photographe. Il y avait quelque chose de rare dans le fait d'être pris en photo.

Les peuplades qui fuient les objectifs, craignant qu'on ne leur vole une partie de leur âme, de leur intégrité, n'ont pas une réaction si primitive et dénuée de sens. Sans aller jusqu'à dire, comme l'ont fait certains photographes – et Roland Barthes, notamment – que « faire une photographie, un portrait, c'est capter la mort en marche », il y avait une démarche assez solennelle, et contre nature à la fois, dans le fait de fixer une fraction de seconde de la vie d'un être, son visage artificiellement figé sur la pellicule, alors que cette fraction de seconde « immortalisée » n'existe déjà plus lorsque la photo est faite.

Il n'est pas certain que ces jeunes gens qui font des photos avec leurs téléphones, qui se laissent prendre en riant par leurs copains, qui semblent avoir désacralisé à ce point une image dont on ne garde aucune réelle trace puisqu'on ne l'imprime quasi jamais sur papier, soient aussi décontractés s'ils se trouvaient tout à coup à poser, en toute conscience, devant un objectif pour faire un « vrai portrait » !

Car non, personne n'est tout à fait à l'aise avec le fait d'être pris en photo.

Et les acteurs, en général, ne font pas exception à la règle !

Dans ces années 1970-1980, époque où je faisais ces photographies, il n'y avait pas encore de *casting directors* pour proposer des acteurs aux réalisateurs, pas de vidéos. Les metteurs en scène choisissaient généralement eux-mêmes leur distribution, en s'adressant aux agents artistiques afin qu'ils leur soumettent des idées, un choix d'artistes possibles pour jouer tel ou tel rôle. Pour séduire, « ouvrir l'imagination » d'un réalisateur et que l'acteur ait une chance d'être choisi par lui, l'agent envoyait… des photos. Les acteurs et actrices étaient aussi tous répertoriés dans un « Annuaire du spectacle » officiel que les metteurs en scène pouvaient consulter, où étaient inscrits leur identité, leur agent, parfois leur téléphone, sous… leur photo. Impossible donc d'échapper à la fatidique séance de pose, avec des tenues et des expressions variées – gaie, sérieuse, mystérieuse, dramatique – dans le but de donner à voir plusieurs facettes de sa personnalité, en s'adressant pour ce faire à un photographe plus ou moins professionnel. Souvent, les assistants de photographes trouvaient ainsi le moyen d'arrondir leurs fins de mois, en faisant des « books » aux artistes pour un prix modique. On se transmettait l'information les uns aux autres, parfois positive : « Adresse-toi à Untel, il m'a fait de bonnes photos pour pas trop cher », ou quelquefois négative : « Ne les fais surtout pas avec Truc, je n'en ai pas une de bonne ! »

Certains de mes amis acteurs me demandèrent de leur rendre ce service, s'étant aperçus que je ne faisais pas de si médiocres clichés. De plus, ce n'était pas cher, je le faisais gracieusement ! La séance était plus décontractée qu'avec un photographe professionnel, on riait beaucoup, on tentait des poses originales, des tenues amusantes. J'aimais beaucoup photographier mes camarades, tenter de les mettre en valeur, si c'étaient des photos destinées à leur agent ou à l'Annuaire du spectacle.

De temps en temps, j'avais l'immense plaisir de saisir une seconde de grande vérité, d'abandon, ce que j'appelle des « portraits intemporels », tant ils reflètent l'essence intime d'une personnalité. Ces photos-là sont très rares.

Je ne présente pas, dans ce livre, les images de jeunes acteurs ou actrices que je fis à l'époque pour constituer leur « book » professionnel – la plupart d'entre eux n'ont pas fait carrière, quelques-uns ont carrément changé de métier. Leurs visages ne vous diraient donc rien.

Je livre ici les portraits dont je suis le plus fière, ceux de camarades que j'aimais et admirais – certains d'entre eux étant malheureusement décédés – réalisés lors de véritables séances de pose, ou plus ou moins « volés » sur des tournages ou lors d'occasions privées, et dans lesquels il me semble avoir capté, parfois, l'essence d'une personnalité ou une facette marquante d'un caractère.

Marie au pull rayé

Marie

C'est précisément l'année où j'achetai mon bel appareil photo, en 1971, que je fis la connaissance de Marie Dubois.

Nous enregistrions ensemble pour la télévision ce que l'on appelait alors « une dramatique » : adaptation filmée d'une pièce de théâtre, longuement répétée par les comédiens dans un premier temps, puis avec les techniciens, les mouvements de caméras, et tournée ensuite en quelques jours, interprétant les scènes dans toute leur longueur.

Il s'agissait de *L'Heure éblouissante*, œuvre originalement jouée au théâtre par Jeanne Moreau et Suzanne Flon, avec de brillants dialogues d'Henri Jeanson. Pour cette version télévisuelle, nos partenaires masculins étaient Michel Duchaussoy et Maurice Ronet, talentueux et délicieux acteurs.

Le travail fut un vrai régal, et, lors des répétitions, j'admirais la passion quasi sacerdotale de Marie pour son métier de comédienne. Je la regardais d'autant mieux que nous n'avions pas de scènes ensemble. Je pouvais donc observer son travail à loisir, sans être distraite par le souci de mon propre personnage. J'étais émue par sa fraîcheur, sa camaraderie, son enthousiasme. L'élan de sympathie étant réciproque et immédiat, nous devînmes ensuite amies intimes dans « la vraie vie ».

Au fil des ans, cette amitié ne se démentit pas, et un jour elle me demanda de lui faire des photographies nouvelles, que son agent lui réclamait…

Marie était l'exception à la règle : contrairement à la plupart des gens, elle adorait être photographiée ! Ou alors, peut-être notre amitié lui rendait-elle la chose amusante et confortable ?

Je présente dans ce livre quelques-uns des portraits que je fis d'elle. Mon préféré, celui où elle porte un pull noir à rayures, illustre pour moi une des plus belles qualités de Marie : la franchise, avec son visage offert, sans coquetterie.

Sur d'autres, plus mélancoliques, je vois dans son regard une angoisse sourde, due, je pense, à l'annonce qui lui avait été faite, très tôt, d'une « sclérose en plaques » à évolution lente. Sur cette photo d'elle vêtue d'une robe de lainage clair, où elle tourne les yeux vers moi, je lis une douloureuse question : combien de temps encore à pratiquer ce métier qu'elle adorait, à être séduisante ? Quel sursis, avant les souffrances, l'infirmité définitive ? Elle m'avait confié cette peur, bien sûr, et ma tendresse pour elle s'en était accrue.

N'était-ce pas là le secret de son goût pour ces nombreuses séances de pose qu'elle me réclamait, d'année en année ? Déployer son charme, sa beauté encore intacte devant un regard amical, un objectif complice, et charger cette amie photographe d'en fixer ainsi une trace, un témoignage ?

Je fis, je crois, quelques-unes des plus belles photos de Marie.

La maladie, après l'avoir éloignée de son métier, l'emporta finalement au terme de nombreuses années de souffrance, en 2014.

Marie dans les plumes

Bouffer tout Paris !

Francis

Francis Perrin et moi n'avons fait aucun film, aucune pièce ensemble. Nous sommes simplement tombés sous le charme l'un de l'autre vers nos vingt-sept ans. Il devait être séduit par la très jolie grande bringue que j'étais, et moi je fus époustouflée par son énergie, son inventivité, et un tel désir de devenir « quelqu'un » dans ce métier, d'avoir un jour un théâtre, d'y mettre en scène et d'y jouer Molière, qu'il révérait...

En attendant de concrétiser ces rêves, ma passion personnelle pour le cirque l'embarqua avec moi vers les galas de l'Union des artistes. J'y avais déjà exécuté un numéro de trapèze, et il se laissa convaincre d'en créer un nouveau, en duo cette fois – un numéro plutôt dangereux, puisque exécuté à l'époque sans aucune sécurité.

Puis, n'étant mûrs ni l'un ni l'autre pour une vie de couple stable, nos chemins se séparèrent.

Francis n'échappa pas à mon objectif, bien sûr. Et si j'adore ce portrait de lui au cigare, que j'intitule un peu irrévérencieusement « Bouffer tout Paris ! », j'aime aussi les autres photographies de lui que je fis, dans lesquelles affleurent, derrière l'histrion, sa fragilité et sa grande sensibilité...

Cet homme-là était beau et ne le savait pas.

Francis, beau et sensible

Dix-huit ans et un gros rhume des foins !

Isabelle

J'ai fait ce portrait d'Isabelle Adjani le jour de ses dix-huit ans.

Quelques amis du Conservatoire l'avaient amenée fêter son anniversaire chez moi, dans ce grand atelier à Montparnasse où j'avais emménagé depuis peu. Je ne l'avais pas rencontrée auparavant, mais j'avais beaucoup entendu parler d'elle, de son génie précoce pour la comédie, elle qui était déjà engagée par le Théâtre-Français pour y jouer une incomparable Agnès dans *L'École des femmes* de Molière.

Je me souviens qu'elle était aux prises avec un tenace rhume des foins – son cauchemar de l'époque, m'a-t-elle confié depuis – et qu'elle se mouchait sans arrêt, en cet après-midi de fête.

Je l'ai trouvée charmante et pleine de mystère, rieuse et un peu absente, souvent silencieuse. Ce portrait que je fis d'elle ce jour-là la représente exactement comme elle m'apparut : une très jeune fille, magnifique sans aucun apprêt, à la photogénie magique, simple et inaccessible à la fois, volontiers réfugiée dans un monde intérieur très fort.

Cette photo est la trente-septième d'une pellicule qui compte ordinairement 36 poses. C'est-à-dire qu'ayant fait la dernière photo, la trente-sixième, on constatait quelquefois avec surprise que la pellicule, un peu plus longue que prévu, offrait la possibilité d'un dernier cliché – le petit plus, la photo « cadeau », en somme.

Et j'ai remarqué, à l'époque, que ce cliché supplémentaire – peut-être parce qu'il était pris en toute décontraction, qu'on appuyait sur le déclencheur juste pour ne pas perdre ce bout de pellicule supplémentaire – était souvent le meilleur.

Laurent

François Weyergans, magnifique romancier à présent académicien, avec qui je m'étais liée d'amitié aux alentours de mes vingt-cinq ans, me proposa un jour de tourner avec lui un film expérimental. Il s'intéressait alors aussi au cinéma, et surtout au montage. Mais j'hésitais à accepter ce tournage, car il souhaitait que nous improvisions de longues scènes. Or pour moi, ancienne élève du très classique Conservatoire d'art dramatique, école qui ignorait totalement cette pratique dans son enseignement, l'improvisation était un exercice inconnu et périlleux.

Pourtant, je ne résistai pas lorsque François m'annonça que mon partenaire serait... Laurent Terzieff !

Je l'avais vu au théâtre plusieurs fois, subjuguée par son talent et son charme. Et nous nous lançâmes en toute amitié dans cette aventure cinématographique étrange en 1977, moi me découvrant relativement à l'aise dans l'improvisation, surtout grâce à un partenaire tel que Laurent.

Ce film ne fut jamais distribué dans le circuit classique des salles de cinéma, mais participa à de nombreux festivals. *Maladie mortelle* – c'était le titre – resta une œuvre d'art et d'essai, au sens propre du terme.

Bien entendu, comme toujours, j'emportai mon sac de matériel photographique sur le tournage et fis quelques portraits de mes compagnons.

Laurent Terzieff et François Weyergans
« Concentration »

Après cette collaboration, nous nous perdîmes de vue, comme cela arrive souvent dans ce métier, chacun repartant vers d'autres travaux personnels. Pendant des années, je ne revis ni François Weyergans ni Laurent Terzieff, mais je continuais toutefois à aller applaudir ce dernier au théâtre, le saluant ensuite dans sa loge à l'occasion. Nous gardions une discrète complicité, en souvenir de cette collaboration particulière.

Puis, bien des années après – trente-trois ans, une broutille… – je le croisai en 2010 à la cérémonie de remise des « Molière », où il reçut le prix du meilleur comédien. Il était de plus en plus maigre, affaibli, le visage émacié. Je me souviens d'avoir été frappée en le voyant les deux poignets dans le plâtre, et, après l'avoir félicité pour ce prix d'interprétation, je l'interrogeai sur ce qui lui était arrivé… Il éluda la question, minimisant les circonstances qui lui avaient valu deux bras rompus, et me dit soudainement :

– Tu te souviens de ce portrait que tu avais fait de moi, sur le tournage de François ?

Je ne faisais plus de photographies argentiques depuis longtemps, mais je me souvenais, bien sûr, de ce portrait de lui que j'aimais et que je lui avais montré, à l'époque, après l'avoir développé.

Alors il poursuivit :

– Pourrais-tu me procurer un tirage de cette photo ?

J'aimerais la revoir, car je ne me suis jamais trouvé aussi beau de ma vie…

J'étais aussi surprise que bouleversée. Je promis de lui envoyer bientôt la photo.

Seulement voilà, les semaines ont passé. Il aurait fallu rapatrier de ma maison de campagne les quelques classeurs où dormaient mes négatifs, chercher parmi les planches-contacts, porter ce cliché dans un laboratoire, puisque je ne développais plus de photos depuis longtemps. Le temps a passé, oui…

Et j'appris la mort de Laurent Terzieff quelques mois après qu'il m'avait fait cette émouvante demande. Je regrettai alors amèrement de n'avoir pas souscrit rapidement à son désir – ce grand acteur, qui avait tant fait et donné au théâtre, avec une foi artistique si pure, souhaitait, devenu un vieil homme, se revoir dans la beauté de sa jeunesse, telle que je l'avais captée, et se dire, au seuil de la mort : « J'ai été cela. »

Pardon, Laurent, j'aurais dû être plus attentive, plus prompte…

Mais ceux qui feuilletteront ce livre, au moins, verront à quel point tu étais beau et s'en souviendront, peut-être.

Laurent, le feu sacré

La séduction

Caroline

Je n'ai jamais partagé de projet professionnel avec Caroline Cellier. Et pourtant, nous avons été ensemble aux quatre coins du globe ! En effet, UniFrance Films, organisme qui a pour vocation de promouvoir la culture cinématographique de notre pays à l'étranger, organisait régulièrement des « semaines du cinéma français » – à Rio, au Mexique, en Europe de l'Est, en Argentine, etc.

Un certain nombre d'amis comédiens et réalisateurs, lorsqu'ils étaient libres, participaient régulièrement à ces voyages, des amitiés s'y nouaient, et nous étions, Caroline et moi, parmi les plus joyeuses et fantasques ambassadrices de notre cinéma.

Si nous n'avons jamais travaillé ensemble, elle a joué avec mon compagnon Bernard Giraudeau, au théâtre et au cinéma – notamment dans un délicieux film de Bernard Stora, *Vent de panique*, où ils campaient ensemble un couple pour le moins déjanté !

C'est sur ce tournage, où j'étais passée en visiteuse – mais, bien sûr, toujours armée de mon Leicaflex – que je surpris Caroline à la fenêtre de sa loge. J'aime, sur cette photo saisie au vol, sa main floue parce qu'elle leva le bras juste au moment où j'appuyais sur le déclencheur, la grâce du geste, le port de tête, la hardiesse du regard…

Cette photo de Caroline, pour moi, c'est la séduction faite femme.

Maurice, entre rire et larmes

Maurice

Maurice Chevit fut l'un de mes plus chers amis. Notre amitié eut un fort retentissement dans ma vie et dans mon évolution intime, car nous développâmes, au fil des années, une complicité très particulière autour de la question du deuil.

C'est en 1974 que je le rencontrai, en répétant *La guerre de Troie n'aura pas lieu*, de Jean Giraudoux, au Théâtre de la Ville. La pièce, magnifique, eut un tel succès qu'elle allait être régulièrement reprise pendant sept années, soit à Paris, soit en tournée.

1974… L'achat de mon appareil, le début de cette passion pour la photographie, mon retour vers le théâtre, le début de l'écriture de mon premier roman, la rencontre avec Maurice – que de choses importantes dans ma vie pendant cette période des années 1970 ! C'est d'ailleurs lors des répétitions de cette pièce que je m'entraînais, lorsque je n'étais pas sur scène pour mon rôle d'Hélène de Troie, à la pratique difficile des photos de théâtre, pour me familiariser avec le maniement de mon appareil, les mises au point et ajustements de diaphragme devant se faire très rapidement pour parvenir à capter des personnages qui bougent tout le temps !

Je me souviens d'une de ces séances. Comme mon appareil muni de son objectif 180 mm pesait à peu près 1,5 kg, j'avais trouvé le moyen de le bloquer contre l'arête de mon nez, pour plus de stabilité, lorsque je voulais saisir mes partenaires en plein mouvement. J'étais tellement prise par l'action, que c'est une de mes camarades qui me fit remarquer, vers la fin de la répétition, que je n'avais plus de peau sur le côté de mon nez, la chair complètement à vif… Je n'avais rien senti.

La pièce était admirablement mise en scène par Jean Mercure, qui montait souvent – je devrais dire « sautait », tant il bondissait comme mû par un ressort – sur le plateau, pour parler et donner de fermes directives aux acteurs. Maurice, excellent comédien, était souvent en rébellion contre de si péremptoires et autoritaires indications de jeu, qui contrecarraient sa liberté d'interprétation. Il se contenait avec peine, ne disait rien, mais son regard en disait long sur son envie de répliquer. Et CLIC ! Il entendait dans la salle le déclencheur de mon appareil, qui le piégeait pile au moment où il était au bord de craquer ! Alors il se tournait vers la photographe en plein reportage sauvage, affublée de ses voiles grecs au troisième rang, et me faisait en riant un geste signifiant : « Oh, toi, alors ! Tu m'as encore eu… » Le fou rire était pour plus tard, quand j'avais développé la photo dans mon laboratoire amateur et que nous nous esclaffions de concert devant son expression.

Lui qui pouvait tout jouer, aussi bien la comédie que des scènes d'une grande sensibilité, me confia un jour avoir

Maurice, rongeant douloureusement son frein
face aux indications véhémentes de Jean Mercure...

un complexe, en tant que comédien : il était incapable de pleurer en jouant, même au cours d'une scène déchirante. Si dramatique que fût la situation, impossible pour lui de verser une larme. Cette impuissance émotionnelle en scène l'embêtait.

– Tu comprends, j'ai tant pleuré dans ma vie, pour de vraies raisons, que je dois être incapable de le faire pour une fiction… Un blocage, comme une interdiction de tricher, de faire semblant, si ce n'est pas la vérité.

J'appris alors que Maurice, juif, allant de cache en cache pendant la guerre, avait perdu toute sa famille, qui dans les camps, qui tué comme résistant, à cause de l'affreux moustachu allemand. Et il pleurait encore en me le racontant – cela, ce n'était pas du théâtre…

Moi, j'étais encore en plein dans le déni de ma souffrance d'orpheline, pratiquant un humour noir de défense, allant jusqu'à affirmer que la mort de mes parents était une chance : y avait-il jeune femme plus libre que moi ? Il me regardait alors en secouant la tête, avec tendresse et commisération – il savait, lui, quel dur chemin j'aurais à accomplir un jour. Et quand l'heure fut venue de ne plus nier, de m'avouer cette souffrance, il était là, toujours, vingt ans après, pour m'accompagner discrètement. Il est l'Ami dont je parle à la fin du *Voile noir*.

Un jour, six ou sept ans après notre rencontre, il m'a demandé assez solennellement s'il pouvait venir chez moi voir mon laboratoire, et si je pouvais développer une photo pour lui. Il ne me dit pas immédiatement de quoi il s'agissait.

Quand il arriva chez moi, le jour dont nous étions convenus, il sortit précautionneusement d'une petite enveloppe un négatif, un seul négatif, qu'il me dit avoir retrouvé par miracle, et ô combien précieux pour lui puisqu'il s'agissait d'un portrait de ses parents, dont il n'avait retrouvé jusqu'à présent aucune photo. Il me dit que le donner à n'importe quel laboratoire aurait été au-dessus de ses forces, des mains anonymes ne devaient pas toucher ce qui était pour lui un trésor – il n'y avait que moi, et mon amitié, pour faire cela.

J'ai préparé les bains de révélateur, de fixateur, allumé l'agrandisseur, choisi le papier, en fonction de la densité du cliché. Il me regardait faire d'un air assez détaché, posant quelques questions, s'intéressant à une technique qu'il ignorait. J'ai projeté le négatif sur le papier, et il a détourné les yeux.

Puis lorsque le papier trempa dans le bain de révélateur les visages apparurent lentement, il s'approcha, il les vit...

Je me souviens du cri sourd qu'il poussa, plié en deux soudainement, comme s'il avait pris un coup dans le ventre. Et de ses sanglots déchirants, réfugié dans les bras de son épouse qui l'accompagnait.

Je ne crois pas avoir pleuré, ce jour-là.

Moi, ce serait pour plus tard, devant d'autres photos.

Hans, le lion

Hans

J'ai connu Hans Meyer en tournant avec lui un film pour la télévision, adapté du roman de Pierre Benoit, *Kœnigsmark*. Je jouais la très trouble suivante de la belle Marina Green, et Hans interprétait le grand-duc, superbe et impressionnant avec son mètre quatre-vingt-dix et ses yeux bleu acier. Je découvris vite que ce géant, qui pouvait faire peur, était un des hommes les plus gentils et doux que j'ai connus ! Pourtant, victime de ce physique, on ne lui donna quasiment à jouer que des nazis… Il est, entre autres rôles, le général allemand dont la loge explose à l'Opéra au tout début du célèbre film *La Grande Vadrouille*.

Nous devînmes vite amis. Nous nous étions reconnus, une part très intime de nous-mêmes se sentant en fraternité : nous étions des exilés.

Moi, exilée de l'enfance, ayant fui ma famille en réaction à la mort de mes parents, reniant toute appartenance à une chaîne héréditaire…

Lui, exilé de son pays, l'Afrique du Sud, ayant fui sa famille très jeune, reniant leur état d'esprit raciste, leur soi-disant supériorité, alors qu'il ne se sentait bien qu'avec les Noirs…

D'ailleurs, il parlait couramment le zoulou, qu'il considérait comme sa véritable langue maternelle !

Cette photo de lui, où la lumière sculpte de manière dramatique son visage, fut prise au parc de Bagatelle, lors d'une promenade. Il s'était simplement assis au bord de la pelouse, le soleil sur le sable de l'allée faisant réflecteur, tandis que l'ombre d'un arbre offrait un fond sombre. Comme quoi une flânerie parmi les roses, un beau jour d'été, peut donner des possibilités photographiques inattendues…

Serge

Je ne me souviens plus pourquoi Serge Lama était venu chez moi afin que je lui « tire le portrait ». Cette photographie fut prise dans l'escalier qui menait à mon atelier au moment où il s'apprêtait à partir – le dernier cliché, comme souvent... Il préparait à l'époque une comédie musicale ambitieuse sur Napoléon.

Nous formions, aux alentours de nos trente, trente-cinq ans, une très joyeuse bande d'amis, Bernard Giraudeau et moi, Marie Dubois, Serge et Marie-Paule Belle. Je ne sais plus en quelles circonstances nous étions « tombés en amitié », alors que le milieu de la comédie et celui de la variété se mélangent peu... Sans doute avions-nous eu l'occasion de reconnaître que nous avions la même passion, la même honnêteté d'artisans vis-à-vis de nos métiers, ne ménageant pas notre énergie quand nous étions à l'œuvre, jouant, ou chantant, avec tout notre cœur.

Un soir magique me reste gravé en mémoire : Bernard et moi étions allés voir Serge Lama donner un récital en plein air. Après deux ou trois chansons, un méchant court-circuit rendit inopérante toute la sonorisation – plus de micro, plus de haut-parleurs. Qu'à cela ne tienne, avec le seul piano comme accompagnement, Serge fit bravement son récital *a cappella*, en plein air, devant mille personnes qui retenaient leur souffle pour ne perdre aucune inflexion de cette voix magnifique. Nous étions écrasés d'admiration.

Vous avez dit Napoléon ?

La légende

Jean-Pierre

Il m'a été donné une seule fois l'occasion de jouer avec Jean-Pierre Léaud. C'était un film tourné en Allemagne, dont j'avoue franchement avoir oublié le titre… Je crois que le film lui-même ne méritait guère mieux !

Je me souviens comme j'avais été frappée, étant, moi, sortie de très classiques études de comédie, par la totale originalité de son jeu, avec un ton et des inventions personnelles hors de toute convention.

C'était un acteur rendu déjà légendaire par la rencontre et l'osmose magique entre sa personnalité et celle de François Truffaut.

Nous tournions en Bavière, dans une maison campagnarde.

Je le vis un jour assis sur ce banc, rêveur, avec cette statue d'ange au-dessus de lui semblant le bénir, le costume d'époque qu'il portait à ce moment dans le film accentuant une ambiance « hors temporalité ».

Il n'y avait pas beaucoup de lumière, la définition de la pellicule n'est pas optimale, avec beaucoup de « grain »… Mais j'avoue aimer énormément cette unique photo que je fis de Jean-Pierre Léaud, tant elle représente, pour moi, sa personnalité inspirée.

Trente ans dans la lumière d'été

Nathalie

Je connaissais peu Nathalie Baye lorsqu'elle nous invita, Bernard Giraudeau et moi, à la fête anniversaire de ses trente ans, en Creuse. Elle possédait dans cette magnifique contrée, très isolée et quasi inconnue des autres habitants de l'Hexagone, un « nid campagnard ». Bernard et moi, à cette époque, commencions à construire de notre côté ce qui allait devenir une véritable maison familiale, dans la même verdure creusoise, à quelques kilomètres. Nous comparions les avancées de nos travaux, les idées que nous avions pour mettre en valeur, ne pas trahir l'authenticité de ces vieilles maisons de granit.

Ce jour-là, il y avait plein d'amis autour d'elle, une table dressée en plein champ. Je fis d'elle cette unique photo, dans la lumière de l'été. Elle était heureuse, épanouie, si lumineuse qu'elle représente pour moi l'image même du bonheur.

Raskolnikov

Jacques

Ma complicité avec Jacques Weber prit naissance au Conservatoire d'art dramatique, alors que nous étions encore bien jeunes. Nous avions en commun un esprit d'« enfants attardés », avec un goût pour les gamineries innocentes et les repas régressifs de purée-jambon pour bébés, saupoudrés de fromage râpé et de fou rires idiots.

Nous fîmes ensuite un film ensemble – qui ne restera pas dans les mémoires…

Mais notre amitié s'affirma lorsque nous jouâmes ensemble chez Jean-Louis Barrault, une pièce qui inaugura – me semble-t-il – le théâtre du Rond-Point à Paris. *Le Nouveau Monde*, de Villiers de L'Isle-Adam, était un mélodrame flamboyant, excessif, dont le style dramatique et ampoulé provoquait des tempêtes de rires dans la salle, à condition qu'il fût interprété avec une sincérité et un sérieux inébranlables. Je jouais une héritière écossaise, empoisonneuse sur les bords, égarée en Amérique, où elle rencontrait un meneur enflammé de la guerre de Sécession. Je m'étais fait la tête de la reine de *Blanche-Neige*, mes fioles de poison dissimulées dans ma robe de velours écarlate, et Jacques était resplendissant de fièvre passionnée dans ses discours aux troupes. Notre complicité s'enrichit à cette occasion, en constatant que nous étions de la même espèce d'histrions, francs et loyaux au service de l'Œuvre, résistant à toute tentation de fou rire ou de clin d'œil en douce au public.

Puis Jacques me demanda de lui faire une série de portraits, dans l'appartement où il emménageait à l'époque.

Sur l'un d'eux, il m'évoque irrésistiblement le personnage de Raskolnikov...

Le fanfaron

Bernard

Il est de notoriété publique, je pense, que Bernard Giraudeau et moi vécûmes ensemble et que nous eûmes deux enfants, Gaël et Sara – tous deux devenus à présent de magnifiques acteurs.

Je photographiai peu Bernard. Lorsque je le rencontrai, il était à l'aube d'une célébrité grandissante, je n'allais pas lui demander de faire devant mon objectif des séances de pose – exercice qu'il prisait peu en général ! Et puis nous avions bien d'autre choses à faire ensemble car, dès le début de notre vie commune, vie professionnelle et vie privée furent intimement mélangées. Nous nous étions mis en tête, immédiatement après notre rencontre, de monter, et de jouer, à Paris puis en tournée, une comédie musicale, *Attention fragile*, qui exigea presque trois ans de travail acharné.

Mais dans le même temps, lors de courtes échappées, la plupart du temps pendant les jours de relâche au théâtre, nous faisions bravement nos presque six heures de route – pas d'autoroutes à l'époque ! – pour rejoindre la Creuse, y rénover une petite ferme qui deviendrait notre « nid familial », défrichant, nettoyant, construisant, plantant, avec le même acharnement que nous mettions à chanter et danser notre spectacle le reste de la semaine !

C'est là-bas, en Creuse, que je fis ces deux photos de lui : un portrait, alors qu'il « faisait l'imbécile » pour me faire rire, qui évoque irrésistiblement pour moi un classique personnage de la comédie italienne, *il fanfarone*, puis un autre pendant un temps de repos au milieu de nos travaux, assis au seuil du grenier qui nous servait de chambre. Je l'y vois serein, ne jouant pas du tout, profond et sûr de lui, de ce que nous accomplissions ensemble – tel que je l'aimais...

Les débuts d'une maison de campagne

Tata au Scrabble

Tata

Tata, la sœur de mon père, fut incontestablement la personne qui eut le plus d'importance dans ma vie. Je ne cite pas ici son prénom, car elle le détestait, et elle fut Tata pour tout le monde, amis, connaissances dont elle n'était aucunement la tante.

C'est elle qui me prit en charge, en tant que tutrice, après la mort de mes parents, et qui m'éleva. Je lui dois tout – et d'abord ma carrière artistique.

J'ai fait un ample portrait d'elle dans mon livre précédent, *Le Rêve de ma mère*, et ne vais pas me répéter ici, entrer dans les détails et anecdotes qui peignent ce caractère exceptionnel. Mais pour la situer par rapport à moi, je dirai tout de même que cette fille sacrifiée (sortie de l'école à onze ans pour aider ma grand-mère, déjà deux fois veuve à l'époque, à tenir son bistrot, et permettre ainsi à ses deux frères, aux garçons, de faire des études) a reporté sur l'enfant que j'étais tous ses rêves de liberté, d'épanouissement, de réussite dans le domaine que j'aurais choisi, quel qu'il soit. Elle repéra très tôt mes dons artistiques, me donna tous les moyens de les développer, avec une hardiesse, une générosité et une largeur d'esprit magnifiques. Plus tard, elle m'aida à élever mes propres enfants, et pour eux aussi, elle fut Tata…

Elle était imperméable à toute convention, n'obéissait à aucun code – vestimentaire, alimentaire, social ou autre. Ses maîtres mots, littéralement appliqués à son comportement, étaient : « liberté et indépendance ». Et il lui semblait aller de soi que ce principe s'appliquait pleinement en faveur de ceux qu'elle aimait.

Elle était intelligente, pleine d'humour. Elle pouvait être très drôle, quelquefois involontairement. Notamment lorsqu'elle tentait de prendre une photo, ce dont elle a toujours été incapable – incapacité qui me faisait rire aux larmes… Elle saisissait nerveusement l'appareil, en proie à une étrange excitation, une impuissance à contrôler techniquement le geste – sans doute y avait-il quelque chose de solennel pour elle, d'un peu effrayant dans le fait de « fixer » un instant. Elle disait : « Vous êtes prêts ? J'y vais ? » Et là, elle crispait fortement son doigt sur le déclencheur, l'y maintenait longuement en appuyant de toutes ses forces – sans doute dans le but de bien « faire entrer » l'image dans l'appareil – puis relâchait son effort avec un grand soupir de soulagement : c'était fait. Avec un peu de chance, parfois, elle avait saisi nos pieds…

Son esprit libre et frondeur est tout entier dans ce portrait d'elle en train de jouer au Scrabble, œil vif, sourire vaguement moqueur. Et sur cette photo d'elle sur un canapé, en vacances, les jambes repliées, gamine. Elle avait alors presque soixante-dix ans, mais, comme toutes les personnalités profondément originales, elle avait tous les âges à la fois.

MARIGNAN
PUBLICITÉ mp
141 Rue Raymond Losserand
au Métro Plaisance
appartement modèle
Entre
rue parisienne
et jardins
publics

La démolition du Sud-Montparnasse

C'est vers la fin de 1974 que j'emménageai à Montparnasse, m'étant décidée à acquérir un lieu « à moi » : un grand atelier d'artiste surplombant le cimetière. C'était donc quelque temps après l'achat de mon appareil photo, et, dans la salle de bains en loggia de l'endroit, j'installai bien sûr immédiatement mon laboratoire.

Habiter un véritable atelier, dans un quartier où flottait encore la légende des nombreux artistes, peintres, écrivains qui l'avaient rendu célèbre, enchantait en moi celle qui avait abandonné ses études de peinture pour la comédie et en gardait un vague regret, un fantasme tenace…

J'ai immédiatement aimé l'ambiance bon enfant, encore populaire et artisane de ce coin de Paris. Là, j'allais enfin ancrer ma vie de femme, me refaire des racines – chose si difficile et hasardeuse pour les orphelins, les exilés de l'enfance. J'aurais pu continuer à dériver de meublé en meublé, trimbalant de-ci de-là mon malheur intime et mes racines flottantes, mais je trouvai à Montparnasse le bon terreau : je m'attachai – j'y suis encore !

Les premiers temps, je parcourus les rues avoisinantes, charmée de découvrir qu'il y avait encore un rempailleur de chaises qui tenait boutique, des petits couturiers de quartier, des commerces simples où l'on tutoyait très vite le client familier. Il y avait aussi la présence voisine et émouvante de Simone de Beauvoir, elle aussi dans un atelier que je pouvais voir de ma fenêtre, Jean-Paul Sartre non loin, Agnès Varda qui fabriquait ses « films maison » à deux pas de chez moi, dans une modeste cour de la rue Daguerre – où elle est encore, elle aussi. Et je peindrais à l'occasion en compagnie de son charmant mari, Jacques Demi, dans d'autres magnifiques ateliers d'artistes donnant sur le boulevard Raspail. On pouvait y « louer un chevalet » pour des séances « atelier libre », certains après-midi. Les inscrits pouvaient laisser leur matériel, à disposition, et chacun travaillait dans son coin à des œuvres personnelles, partageant parfois un café, l'un apportant une bouilloire, l'autre des tasses. Giacometti avait vécu là, Picasso y avait travaillé – savoir cela ne donne pas forcément du talent, mais ça fait quelque chose au niveau de l'émotion !

Puis, un jour, j'eus la curiosité de pousser un peu plus loin mes promenades dans le quartier et je traversai l'avenue du Maine, derrière la gare Montparnasse nouvellement reconstruite et agrandie, avec l'immense tour qui lui faisait face. Je ne sais plus exactement quelle rue j'empruntai pour aller découvrir cette partie du 14e arrondissement que je ne connaissais pas encore, mais je me souviens de m'être arrêtée devant un immeuble aux fenêtres murées, à la porte d'entrée condamnée, manifestement promis à la démolition, et d'avoir pensé : « Tiens, c'est curieux, il n'a pas l'air en si mauvais état... » Plus loin, j'en découvris un deuxième, puis un troisième. Et enfin, placardé à un angle de rue, un grand panneau d'affichage arborant l'image d'un immeuble moderne aux larges balcons, promettant une résidence idéale à Montparnasse « entre rue parisienne et jardins publics ».

C'était donc cela. Un vaste projet immobilier exigeait que le quartier soit entièrement rasé ? Car je parcourus rapidement une autre rue, puis encore une autre, et de loin en loin des immeubles déjà condamnés jouxtaient des maisons encore habitées – pour combien de temps ?

Cela ne concernait apparemment pas la partie de Montparnasse où j'avais choisi de m'installer, de l'autre côté de l'avenue du Maine, mais j'avais pourtant, en découvrant tout cela, le cœur serré. Les rues encore habitées, au moins pour une bonne moitié, cela se voyait, semblaient frappées d'immobilité. Pas d'allées et venues, pas de gosses sur les trottoirs, de ménagères avec leurs courses. À un coin de rue, un café qui avait dû être bruissant de vie et de conversations était fermé, le store à demi arraché. Une librairie, qui ne présenterait plus jamais de livres, était barricadée de planches. Le quartier entier se taisait, les

Les temps modernes

SALON DE L'ENFANCE
SALON DE L'ENFANCE
la vie devant soi
CADILLAC

gens qui vivaient encore là semblaient terrés chez eux, dans le silence qui précède les grandes catastrophes.

Je repassai de l'autre côté de l'avenue, qui marquait apparemment une sorte de frontière séparant le quartier en deux, en proie à un malaise diffus : pourquoi ce coin-ci du 14e où je m'étais installée serait-il épargné ? Il n'était pas plus beau, ni plus luxueux. Les simples immeubles étaient exactement semblables à ceux dont j'avais vu les fenêtres et les portes murées, parfois même moins jolis et moins hauts.

Je me renseignai alors auprès des commerçants, des voisins. J'appris que l'on avait décidé en haut lieu que toute cette zone, au-delà de « l'avenue frontière », serait détruite sur environ dix hectares, pour cause d'insalubrité.

Tout ce périmètre était une ZAC : une « zone d'aménagement concerté ».

Concerté entre politiques et promoteurs, bien sûr, pas avec les habitants !

On construirait là de grands immeubles modernes, comme celui du panneau que j'avais vu, avec des espaces verts, des commodités. Y viendraient des gens plus riches, et ceux qui vivaient là, parfois depuis leur naissance, seraient repoussés plus loin, en banlieue – ailleurs en tout cas. Ils devraient tous partir, pour qu'on fasse table rase de leur vieux quartier populaire, de son âme.

Je revins très vite avec mon appareil. Je ne savais trop ce qui me poussait à photographier presque tous

Table rase

VENEZ
VOIR NOS
ESPACES VERTS
DERRIERE
LE MUR
UN SQUARE !!!

les immeubles, un à un. Un besoin d'en garder au moins l'image, comme un constat : ceci fut et ne sera plus.

Les mois passaient. Je revenais de loin en loin photographier les démolitions en cours, de nouveaux immeubles vidés de leurs habitants. J'entendais, de-ci de-là, des choses pas jolies-jolies. Les responsables du bon déroulement de l'aménagement futur du quartier engageaient, paraît-il, des hommes de main qui œuvraient secrètement la nuit – on découvrait au matin des canalisations brisées, des tuyaux percés, les fils qui amenaient l'électricité arrachés. Parfois, trois ou quatre marches d'escalier avaient été démontées, rendant l'accès aux étages et aux appartements impossible. Plus discrètement, mais tout aussi efficace quant au résultat, on soustrayait des toits quelques plaques de zinc. De la rue, on ne voyait rien, mais il se mettait soudainement à pleuvoir dans les maisons, les cages d'escalier, rendant de fait les immeubles inhabitables. Si insalubres ils n'étaient pas, il fallait bien qu'ils le deviennent, puisqu'on l'avait décrété ! Fallait les pousser dehors coûte que coûte, ceux qui s'accrochaient ! Mais ça luttait, ça résistait, avec des drames, des désespoirs. Un homme exproprié s'était suicidé chez lui... Des vieux récalcitrants avaient été expédiés à l'asile...

Puis, lorsque tout le quartier fut vidé de ses vieux habitants, c'est la vie sauvage des cités qui prit le pouvoir, avant le début effectif des travaux – squatters, dealers l'ont investi pendant quelques années, avant d'être chassés à leur tour.

En entendant, en voyant tout cela, j'étais comme pétrifiée de tristesse. Je n'ai pas compris pourquoi, à l'époque, cela me touchait autant, puisque cela ne concernait pas mon coin préservé de Montparnasse, ni pourquoi j'avais besoin de photographier ces façades, simplement, de face, comme des portraits de condamnés.

Maintenant, je sais.

J'ai été élevée, jusqu'à mes huit ans, dans un vétuste quartier de Rouen, le faubourg Martainville. Il fut entièrement rasé, quelques années après que je l'eus quitté avec mes parents, pour cause d'insalubrité – une insalubrité réelle, en ce qui le concerne, contrairement à la partie sud de Montparnasse.

Le quartier Martainville, du moins pour la partie où j'habitais étant petite, datait du XIVe siècle environ, et rien n'avait été entrepris pour l'assainir. Pas d'eau courante, juste des pompes sur le trottoir, pas d'évacuation des eaux usées, qui se faisait par les fenêtres, directement dans les ruelles ou dans un égout-canal à ciel ouvert, le Robec, des usines, teintureries et tanneries, en bois, pestilentielles, où les ouvriers étouffaient douze heures par jour sans aération. Les gens qui vivaient dans ce faubourg moyenâgeux, abrutis de misère, de mauvais alcools et de conditions de travail dignes de *L'Assommoir* de Zola, étaient définis par ce terme éloquent : « sous-prolétariat ». Non, rien n'avait changé dans ce faubourg Martainville surnommé depuis des siècles « le nid de chiens »... Détruire ces maisons de bois et de torchis, bourrées de vermine et envahies par les rats, était certes une nécessité.

Quelques mois à peine après avoir quitté ce quartier, la mort brutale de mes parents provoqua en moi un traumatisme qui effaça tous mes souvenirs d'« avant ». Aucun visage, aucun événement, aucune image, rien de mes huit premières années ne subsiste en ma mémoire, comme si j'étais « née le matin de leur mort ».

Lorsque je me lançai dans l'écriture du *Voile noir*, je regardai avidement les photos de mon père, espérant qu'elles me rappelleraient quelques souvenirs. Certaines de ces photographies, notamment celles, très rares, où je suis en compagnie de ma mère, me PROUVAIENT que cette enfance avait existé. Mais mon père, photographe d'art, avait en vérité fait peu de photos de famille, aucune en tout cas de notre vie quotidienne, de cette maison où j'ai vécu huit ans, de l'usine voisine, du jardin qui la jouxtait et où je jouais avec les chats, ni du quartier, des rues qui menaient à mon école primaire et que j'empruntais chaque jour pendant ces quelques années. Rien. Il ne fit aucune image du décor de mon enfance, juste une pompe sur un trottoir pavé, et le mur sinistre d'une impasse.

Plus j'avançais dans l'écriture de ce livre, plus je ressentais cette amnésie comme une amputation douloureuse. Je recherchai alors désespérément tous les documents qui pouvaient décrire le faubourg Martainville, les photos qui pouvaient subsister, voire des films anciens. Personne ne semblait s'être vraiment intéressé à ce quartier de misère au point d'en immortaliser les rues, les usines, les maisons. Je trouvai deux ou trois cartes postales, c'est tout, que je conserve encore précieusement, comme des reliques...

Lorsque je fis ces photos dans le Montparnasse en passe d'être détruit, je n'avais pas encore commencé ce travail sur l'impossibilité du deuil, la non-mémoire. La souffrance de la perte des souvenirs était encore informulée, refoulée, mais certainement sourdement présente en moi, même si je voulais encore l'ignorer. Je pense à présent que c'est ce qui me conduisit dans ces rues, avec une sensation poignante que je ne savais définir à l'époque, pour photographier ces maisons qui étaient encore et bientôt ne seraient plus.

Puis, pour parfaire, en ce qui me concerne, l'impossibilité du retour en arrière, la maison où mes grands-parents maternels habitèrent après la destruction du quartier Martainville, et où j'allais les visiter ensuite, fut à son tour rasée au profit d'une « bretelle » reliant l'agglomération de Rouen à l'autoroute.

Et la simple maison campagnarde où je fus accueillie après la mort de mes parents, avec ma tante et ma grand-mère paternelle, sur la colline Sainte-Catherine, fut à son tour détruite, pour laisser place à un bel immeuble chic,

LIBRAIRIE

BAINS DOUCHES
DE L' OUEST
42

HOTEL

SES QUALITES
2
RUE
GUILLEMINOT
LE LOGEMENT
DOIT ETRE UN
SERVICE
PUBLIC!
CA
SUFFIT!
vins de
qualité
CHAMPAGNE
MOUSSEUX
FERGANI
FERGANI
FERGANI

BLANCHISSERIE

RUE
VERCINGÉTORIX
19
MACHINES À COUDRE
NEUVES
OCCASIONS
Centre Gaîté.
Le centre de la maison
et des loisirs.

avec vue imprenable, de ces hauteurs de Rouen, sur les boucles de la Seine.

Table rase, donc, de tous les lieux où j'aurais pu tenter de raviver ma mémoire d'enfance, une sorte d'effacement total, presque une interdiction…

Alors, puisque c'est cela, je pense, qui m'a poussée à photographier, avec une émotion sous-jacente, les immeubles de cette partie de Montparnasse avant qu'ils ne disparaissent définitivement, je livre ici quelques-uns de ces « portraits de condamnés ».

Pour MÉMOIRE.

80 HOTEL DU CHEMIN DE FER 80
80
HOTEL

INSTITUT
UNIVERSITAIRE
LIBRE

Je n'avais pas noté, en prenant la photo de cet immeuble déjà pour une part en cours de démolition, près du luxueux Sheraton déjà achevé, que deux personnes avaient passé la tête par une fenêtre et me regardaient photographier.
Ce n'est qu'en développant le négatif que j'ai vu leurs regards inquiets, qui me bouleversent : ils étaient repérés ! Se cachant sans doute pour continuer à occuper le domicile dont on voulait les chasser...

La misère – Boulevard Edgar-Quinet, derrière le cimetière Montparnasse. Cet homme qui continuait à dormir, alors que son corps avait à demi glissé à terre, me paraissait symboliser la misère… On a fait bien pire depuis !

Paysages, natures mortes et thèmes

Si j'ai passionnément aimé photographier le visage de quelques-uns de mes camarades acteurs, j'ai aussi aimé capter ce qui m'entourait, ce que je découvrais en voyage ou à l'occasion d'un week-end, voire à Paris, dans les rues.

En redécouvrant toutes ces planches-contacts que j'avais oubliées pendant des années, en voyant la variété des thèmes, des lieux, je suis moi-même surprise de constater que je devais vraiment avoir toujours mon appareil avec moi ! Mon précieux appareil, si lourd, si encombrant, avec, inévitablement, le gros sac qui allait de pair, contenant les différents objectifs, les filtres, la réserve de pellicules. J'avais oublié que je les avais transbahutés ainsi en toutes circonstances.

Et je suis encore plus surprise que, ayant fait l'effort d'emporter, parfois très loin, cet encombrant matériel, je n'aie quelquefois rapporté qu'une unique pellicule, ou même seulement deux ou trois clichés.

De Los Angeles, en Californie, où j'étais allée exécuter un numéro de trapèze pour notre gala de l'Union des artistes exceptionnellement exilé là-bas, je n'ai rapporté que trois photos : celle d'une poubelle en métal cabossée dans un beau dégradé de gris, devant un mur décoré d'une fresque fleurie, celle d'un instrument de musique posé par terre entre les jambes des musiciens d'une « fanfare à l'arrêt » attendant sur un parking, et celle de l'intérieur de la limousine qui m'emmenait sur le lieu des répétitions. Rien d'autre, là-bas, ne m'a donc donné l'envie d'appuyer sur le déclencheur ? Il y avait de belles maisons, du luxe, du soleil, pourtant rien de tout cela ne m'a paru assez photogénique pour offrir une « image signifiante », ou simplement belle. Ainsi, la photo unique de l'intérieur de cette limousine, avec cette façade devinée à l'extérieur, ornée d'une étoile emblématique, et cette vieille Cadillac garée sur le côté de la route, représente pour moi à elle seule « L'Amérique » – en fait un condensé de mon ressenti de cet endroit : voitures omniprésentes (comment s'en passer pour se déplacer dans une ville qui s'étale sur 1 290 kilomètres carrés ?), luxe et clinquant.

De New York, c'est encore plus succinct, je ne rapportai qu'une seule photo : celle d'un moineau égaré parmi les buildings, qui s'était un instant posé sur une grille, devant la fenêtre de l'hôtel où je résidais – l'extrême fragilité de cette petite bête encerclée par le béton, dans une rue sans aucun arbre, m'avait touchée. Étais-je si perdue dans cet univers, moi aussi, que je choisis ce petit oiseau pour représenter ce que j'éprouvais dans cette écrasante cité ?

De l'Italie, je rapportai au moins une pellicule. Mais une seule !! Pour le coup, dans un si beau pays, je crois que le poids de mon sac dut être dissuasif, et que ce fut pour cette raison que je n'emportai pas mon matériel dans tous les lieux sublimes où j'aurais pu faire de belles photos. Ou qui me semblaient trop belles, alors ? À quoi bon photographier tout ce qui l'est déjà sur cartes postales, ou magnifié en posters vendus à tous les coins de rue ? Donc, cette photo que je fis, sans doute de la fenêtre de la chambre où je résidais, de cette rue aux beaux immeubles anciens, avec le linge qui séchait en travers, symbolise pour moi toute « L'Italie », à la fois antique, majestueuse et populairement familière. Et cette image de l'un des chats qui peuplent l'Acropole, misérable et libre, devant les arches historiques, est pour moi « Rome ». Elles me suffisent, elles sont à mes yeux le résumé d'une ville, d'un voyage.

Je rapportai fort peu de photos, aussi, de cette Côte d'Azur où pour la première – et unique – fois de ma vie je louai pour deux semaines une luxueuse villa afin d'être certaine d'avoir du beau temps. Moi, Normande pourtant habituée aux crachins rouennais, je n'aurais jamais cru qu'il puisse tant pleuvoir sur une piscine ! Donc les images de ce déluge sur une terrasse faite pour le soleil et d'une paire d'espadrilles détrempées restent pour moi le symbole humoristique d'« Un été dans le Midi » – une expérience jamais réitérée.

Revenant un jour de photographier les démolitions du vieux Sud-Montparnasse, songeant tristement à tous ces gens que l'on chassait de leurs logements, je vis, sur le chemin qui me ramenait à mon atelier, à côté du cimetière Montparnasse, un homme qui n'avait, lui, déjà plus de logement, qui n'avait plus rien – un clochard, endormi sur un banc public, dont le corps avait à moitié glissé à terre, désormais indifférent à toute forme d'inconfort et qui continuait à dormir ainsi. Je le photographiai. Il représentait pour moi « La misère ».

Ces photos n'ont peut-être de sens et de valeur que pour moi ? Parce que j'ai mentalement transposé, sur une unique image, un condensé de souvenirs en même temps que mes impressions profondes d'un pays, d'un moment ? Je ne sais pas encore quelle résonance ces photographies peuvent éveiller dans le regard d'autrui...

J'aimais aussi certains paysages, avec un goût pour une désolation photogénique.

Un ami me prêta, afin d'écrire au calme, une petite maison aux environs de Paris, entourée d'une nature essentiellement agricole, donc de peu de charme. Mais l'exercice disciplinaire de l'écriture me réveillait avant l'aube, moi, la théâtreuse habituée aux couchers et levers tardifs ! C'est ainsi que je photographiai, alentour, des arbres perdus dans la brume, des herbes oubliées au bord des champs labourés, et « L'affreux épouvantail », ce cadavre de corbeau pendu à un piquet en plein champ pour dissuader ses congénères de venir y déterrer le grain – pratique archaïque passablement barbare, à cinquante kilomètres de Paris...

Mais les photos que j'ai peut-être le mieux aimé faire, ce sont ces natures mortes, détails que je captais en gros plan : « Six pommes perdues » dans un caniveau, deux galets isolés sur le sable, des herbes de dune et leurs ombres, un mur sur le port de La Rochelle, qui semble à lui seul être un tableau abstrait, les nervures d'une feuille de figuier dans la lumière, le colimaçon de pierre de l'escalier dans une tour de château, le graphisme des tiges de maïs séché... Je ressentais un profond plaisir à capter les dégradés de gris, le contraste et la richesse des matières, en à-plat, en gros plan, juste pour la beauté intrinsèque de ces choses, de leur lumière. Et je ressentais un grand plaisir, aussi, à passer de nombreuses heures à developper ces images qui pourraient sembler austères, au charme parfois ingrat, dans mon laboratoire amateur.

Si faire ces photos-là, parfois à la limite de l'abstraction, me séduisait autant, c'est peut-être parce que je m'approchais au plus près de la recherche photographique de mon père, tout près, si près...

Mais je ne le savais pas encore.

Je n'avais pas découvert ses photos.

Un moineau à New York

Poubelle à Los Angeles

L'Amérique – Photo prise à Los Angeles alors que je répétais là-bas
pour le gala de l'Union des artistes. Trajet en limousine
jusqu'au lieu du spectacle, étoiles au fronton, Cadillac au bord du trottoir…
Pour moi, un condensé du clinquant de la Californie !

La fanfare à l'arrêt

Rome

L'Italie – Telle que je la perçus, antique et familière.

Un été dans le Midi – La seule fois de ma vie où j'ai loué une maison sur la Côte d'Azur pour être certaine d'avoir du beau temps…

Figuier

L'affreux épouvantail

La survivante

Maïs

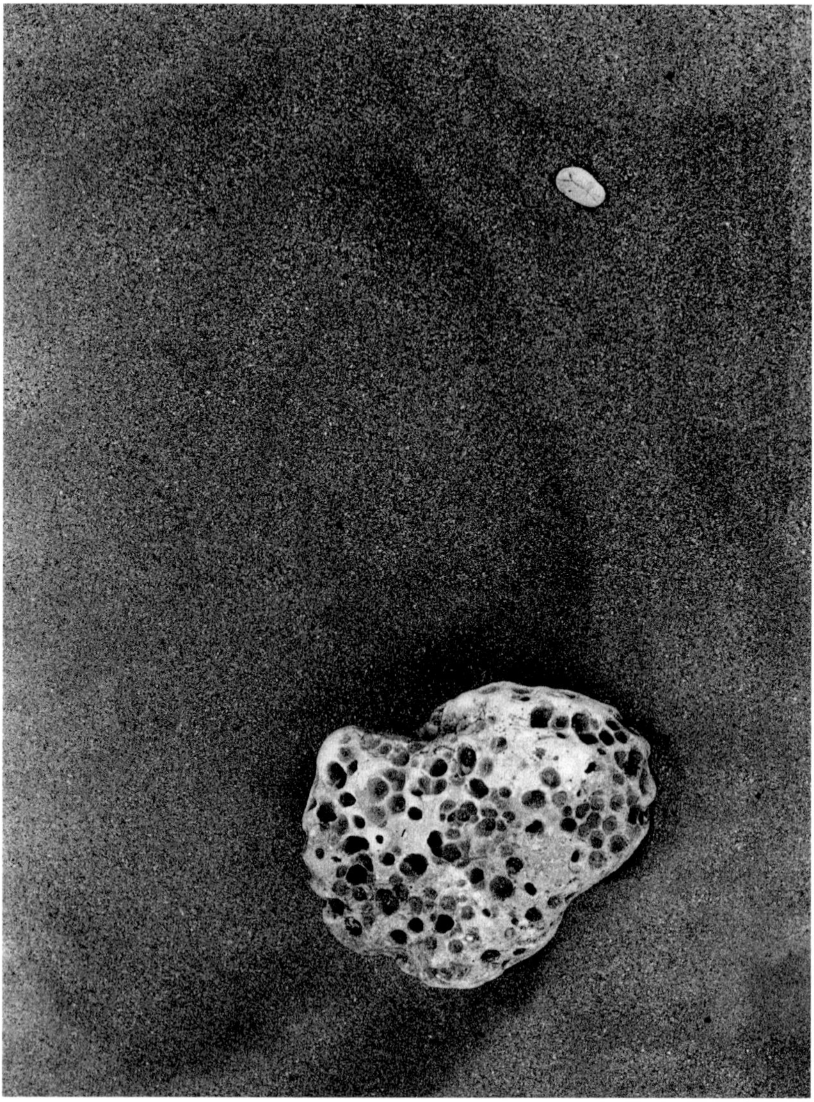

Deux galets

Six pommes perdues

Marée basse

Herbes et sable

L'escalier de la tour

Un mur sur le port de La Rochelle – Cette photo, mon père ne l'aurait pas reniée…

Tempête

Filiation

Mon père, Lucien Legras, était photographe. Il travaillait chez Ellebé, un magasin de photographie à Rouen, et menait parallèlement des recherches personnelles, au sein d'un groupe de photographes qui s'était baptisé le « Groupe des Sept ». Le groupe fit quelques expositions de photographies d'art, témoignant d'une recherche assez hardie pour l'époque, tendant parfois vers une certaine abstraction – assez proche, en ce qui concerne mon père, du style des travaux de Lucien Clergue.

Mon père fut très fier d'avoir personnellement reçu un prix, décerné par une célèbre revue américaine, *Annual Photography*, pour un de ses clichés, représentant deux silhouettes de trognes d'arbres dans la brume, dont les têtes dénudées semblaient pencher l'une vers l'autre et qu'il avait intitulé « Colloque sentimental ». Je me souviens d'avoir vu cette photo publiée dans le magazine.

Ma mère, Ginette, était également photographe, travaillant plus spécialement au laboratoire, avant de quitter son travail à ma naissance pour devenir femme au foyer – c'était le sort, à l'époque et dans mon milieu modeste, des femmes qui devaient s'occuper de l'enfant, et du même coup faire une croix sur toute ambition professionnelle ou artistique…

Son père Raymond, mon grand-père maternel, était projectionniste de cinéma, notamment au cirque-théâtre d'Elbeuf (qui faisait aussi office de cinéma avant la Seconde Guerre mondiale), puis au cinéma Omnia de Rouen quand ils eurent quitté Elbeuf, sans doute vers le milieu de la guerre. C'est certainement lui qui avait orienté ma mère, alors très jeune femme, vers ce métier. C'est ainsi qu'elle rencontra mon père, employé aussi chez Ellebé, et qu'ils s'éprirent l'un de l'autre.

Lucien demanda un jour à sa belle collègue Ginette de poser nue pour lui, afin d'étudier la manière d'éclairer un corps. Il n'étudia pas uniquement la lumière, puisque c'est ainsi que je fus conçue, pour l'amour de l'art photographique. Ma tante, dite Tata pour tout le monde, sœur de mon père et très amie avec ma mère, me raconta plus tard cette anecdote – anecdote d'une importance vitale, en ce qui me concerne !

Mon grand-père projectionniste développa avec son gendre une grande complicité autour de la photographie. Il construisit avec lui l'énorme agrandisseur qui permettait à mon père de faire des tirages sur papier à partir de plaques en verre. Car si mon père avait un Rolleyflex à pellicule, maniable et aisé à emporter à l'extérieur, il aimait aussi pratiquer cet antique art de la captation photographique en chambre, sur plaque.

Tous deux filmaient aussi. Nous étions sans doute une des rares familles de l'époque à posséder une caméra. On m'a raconté que personne ne put empêcher mon père de sortir pour photographier, à la fin de la guerre, un des ultimes bombardements de Rouen. Il ne voulait pas rater cela ! J'ai encore les clichés dans un album, et même un bout de film.

En somme, la passion de l'image, de la photographie, est une tradition familiale qui a baigné toute ma prime enfance.

Et puis arriva la grande catastrophe. Jusque-là, nous vivions tous ensemble, avec ma famille maternelle, d'une manière très tribale, dans ce vieux quartier Martainville de Rouen, mais mes parents eurent envie d'indépendance et achetèrent une minuscule maison en banlieue, affreuse et mal finie. Emménagés en août, la maison, et son chauffe-eau dans la salle de bains qui n'avait pas d'aération, les tua début novembre.

Tout ce qui pouvait rappeler leur existence, ensuite, fut douloureusement tabou. Plus de fêtes, plus de grands Noëls communs avec les deux familles. On s'évitait, chacun replié sur son incommensurable douleur. Le silence prit une place de roi. Et des photos de mon père il ne fut plus question – pour quoi faire ? Elles allaient encore raviver des souvenirs, et à quoi bon, ensuite, sans lui ? Les plaques et négatifs entassés dans un carton restèrent chez ma grand-mère maternelle.

Les années passèrent, personne n'y pensait plus.

J'étais partie à Paris, j'étais comédienne.

La branche cassée

Puis, un jour, ma jeune sœur arriva chez moi et y déposa le gros carton dont personne ne voulait plus, et qui, de fait, nous revenait comme seul héritage.

J'en fus déclarée la gardienne, moi, l'aînée, la plus stable, avec un domicile fixe. Je séparai en deux l'encombrant paquet pour en faire deux petits cartons que je pus glisser sous le lit de mon studio de location meublée. Ouf. Je pouvais les oublier en paix, hors de ma vue. Je n'y pensais jamais.

Pourtant, peu de temps après, j'achetais mon Leica…

Puis, lorsque j'acquis mon grand atelier, je fourrai le tout dans le dernier tiroir d'une commode – que j'appelai plus tard « la commode sarcophage » – en plein milieu du séjour. Et ils dormirent encore là, sans que personne ouvre jamais ce tiroir, une bonne douzaine d'années.

Je vivais avec Bernard Giraudeau, nous avions fait des enfants, nous tournions des films, jouions au théâtre, parfois ensemble. Mais je faisais toujours mes photos, la salle de bains de l'atelier régulièrement transformée en laboratoire, le tout parfois rangé en vitesse pour le bain des enfants.

Jamais je ne pensais aux photos de mon père, enfermées dans le tiroir de la commode sarcophage. Les négatifs auraient pu rester là indéfiniment, oubliés, jusqu'à ce que quelqu'un, peut-être, un jour, les jette par inadvertance, pour faire de la place.

Mais très brusquement, un objet, mon petit agrandisseur, fit quelque chose de génial…

Algues

Marius, l'envie d'ailleurs

L'oiseau en retard

La statue oubliée...

Du possible pouvoir des esprits sur un objet

Un agrandisseur, du moins dans la catégorie « matériel amateur », est une machine assez simple : un boîtier, monté sur une tige et nanti d'une ampoule lumineuse, permet d'élever plus ou moins haut l'appareil, muni d'un objectif sous la lampe, afin d'obtenir des photos plus ou moins grandes. On glisse le négatif choisi entre la lumière et l'objectif, ce qui permet de le projeter sur le papier et d'impressionner celui-ci, ce qui donnera un « positif » – les ombres et lumières étant inversées sur la pellicule – à plonger ensuite dans le révélateur.

Une fois son cliché choisi, la hauteur définie et l'objectif réglé pour avoir une projection de l'image très nette (on cherche même à voir le « grain » de la future photographie argentique en vérifiant la netteté avec une loupe), il n'y a aucune raison que les réglages changent si on ne bouge rien.

Or un jour, quasiment du jour au lendemain, mon agrandisseur se mit à perdre le point entre deux tirages. Je n'avais rien touché, et pourtant le négatif projeté devenait flou. Il fallait recommencer le réglage à chacune des photos, même de format identique. Or je tirais pas mal de photographies pour mes amis acteurs, parfois quinze ou vingt exemplaires du même portrait, destinés à être distribués par leurs agents, et cette « mollesse » subite de mon objectif devenait franchement agaçante.

Je me dis alors que je pourrais m'offrir un nouvel agrandisseur, plus performant, puisque j'aimais tant la photo. Et j'eus cette pensée subite : « Et pourquoi pas un multiformat, qui me permettrait de développer les négatifs de mon père, pour enfin découvrir ses photos, que je n'ai jamais vues ? » En effet, l'invention du 24 × 36 mm étant relativement récente, il y avait de fortes chances que les dimensions de ses clichés soient différents. Et je poursuivis logiquement ma pensée : « … et d'ailleurs, de quel format sont-ils, ces négatifs ? »

Pour une certaine Pandore, le geste fatidique fut l'ouverture d'une boîte, pour moi, ce fut celle d'un tiroir.

Il est assez communément admis, depuis des siècles, que lorsque les disparus veulent se manifester aux vivants ils ont deux moyens privilégiés : faire des bruits, et avoir une influence sur les objets. On ne compte plus les histoires de coups sourds, sons étranges, rideaux qui s'envolent, objets qui changent mystérieusement de place, livres qui s'ouvrent seuls dans certains lieux dits « hantés ».

Sans être véritablement adepte de ces croyances, j'avoue qu'il m'est doux de songer que, peut-être, mes anges personnels ont trouvé que je tardais trop à faire un pas vers eux, enferrée dans le déni de ma souffrance d'orpheline. On pourrait presque imaginer une sorte de dialogue entre mon père et ma mère dans l'au-delà : « Elle vient d'avoir quarante ans, elle a deux enfants, et elle s'obstine à nous ignorer. Ce n'est pas possible, il faut faire quelque chose ! » Et de bricoler une petite avarie technique pour me faire tomber le nez où je devais plonger… ?

Lorsque le tiroir fut ouvert, que je découvris le trésor enfermé là, je tentai de le refermer, effrayée par la découverte des images de mon enfance oubliée, par le long et dur chemin que je pressentais avoir à faire, guidée par ces photos de mon père.

Mais c'était trop tard…

Jamais, bien sûr, je n'achetai de nouvel agrandisseur.

Et je garde précieusement encore, dans un coin de mon grenier, la petite machine qui me poussa, d'une manière presque facétieuse, vers ce que je devais accomplir.

Ô inconscient !

Lorsque j'ouvris enfin les cartons qui contenaient les négatifs de mon père, je m'attendais à un grand désordre, imaginant que, sans doute, après le choc de sa disparition avec ma mère, on avait rassemblé à la va-vite ces bouts de pellicule pour les cacher, les mettre dans l'ombre et ne surtout plus penser à ces travaux, devenus dérisoires sans lui. Un autre enterrement, dans ce carton, après celui des corps dans les cercueils.

Mais mon père était un homme extrêmement soigneux. Les négatifs étaient glissés un par un dans des enveloppes de papier cristal, serrées dans de petits classeurs, eux-mêmes protégés encore par un couvercle rigide. Les plaques en verre étaient rangées dans des boîtes en bois hermétiques, sans doute construites par lui-même. Après plus de trente-cinq ans, quand j'ai déballé, déshabillé de ses enveloppes, de ses peaux de papier, cette œuvre momifiée, il n'y avait pas un grain de poussière, pas une rayure. Comme s'il avait pressenti ce long voyage dans le temps, pris toutes ces précautions pour attendre que j'aie le courage de découvrir ces images, son regard intact.

Et lorsque j'eus enfin fait développer, en petit format,

par un laboratoire professionnel, toutes ces photographies que je n'avais jamais vues, une autre surprise m'attendait, troublante…

Une parenté de regard, de goûts, parfois une quasi-similitude entre les photos de mon père et les miennes, les mêmes thèmes, des angles de vue communs – certaines de mes images presque identiques à celles qu'il fit.

Une notable différence, pourtant, entre lui et moi : il n'aimait pas beaucoup photographier ses semblables. Il ne fit quasiment pas de portraits, presque aucune photo des gens de notre famille, peu de ma mère. Il n'y a guère que moi enfant qu'il photographia en toutes circonstances. Je fus son « sujet humain » de prédilection, les personnes étant généralement pour lui de simples ponctuations dans une lumière, ou une silhouette animant le graphisme d'un paysage. Alors que j'ai passionnément aimé, de mon côté, saisir la beauté d'un visage, la profondeur ou la fragilité d'un regard, un instant d'abandon chez ceux que j'ai eus face à mon objectif.

Mais pour les autres photos, comme nous avions le même goût de la « matière », recherchant une certaine abstraction dans les rainures d'un feuillage, l'étrangeté graphique d'un mur, l'ombre des herbes sur le sable, privilégiant les à-plats de natures mortes, et le même regard sur la nature, la vase, les arbres dans la brume…

Comme je le cherchais, ce père, sans vouloir m'en rendre compte !

Tout passe

Barques noyées

Le tunnel de verdure

Reprendre mon appareil ?

On aura compris, je pense, que mon rapport à la photographie n'est pas des plus légers. Mon histoire particulière, le drame de mon enfance en étant la cause, bien sûr. Et cette amnésie de huit ans qui occulta tous mes souvenirs d'enfance, au point que j'aurais pu douter qu'elle ait existé, douter de mes origines. Et m'apercevoir, en découvrant les photos de mon père, qu'elles me tenaient lieu de mémoire. Me reconnaître sur ces images à côté de ce père, de cette mère, pouvoir me dire alors : « Elle m'a vraiment touchée un jour », « Il m'a tenue dans ses bras, je le vois, impressionné sur la pellicule, donc cela fut vraiment ». Ainsi je ne peux dire simplement que j'aime la photographie : la photographie EST une partie de ma vie.

Dès que j'en pris conscience, que je me lançai dans le long travail d'écriture du *Voile noir*, autour du non-souvenir, en appuyant ma réflexion sur les photos de mon père, j'arrêtai presque instantanément de faire des photos en noir et blanc. J'arrêtai aussi, donc, le laboratoire, remisai les bacs inutiles, le petit agrandisseur. Comment continuer comme si de rien n'était ? Le noir et blanc, son graphisme épuré, était devenu « dramatique », au sens le plus commun du terme. Un constat de ce qui avait été, qui n'était plus, sans les couleurs de la vie. Une écriture du passé, à la fois belle et impitoyable. En travaillant sur mon livre, je pouvais rester une heure hébétée devant une photo de mon père, cherchant désespérément à raviver un souvenir, une voix, un contact, des odeurs… Peine perdue, il ne restait que l'image fixée, cette « preuve » noire et blanche.

Mes enfants grandissaient, mon fils atteignait l'âge que j'avais lorsque mes parents étaient morts. Quel héritage photographique leur laisserais-je ? Quelle « preuve » de leur belle enfance, des vacances, des joies ensemble ? Pendant un temps, je n'eus plus le courage de photographier. La portée dramatique du geste me paralysait, l'idée de la mort, du « jamais plus », omniprésente à l'esprit.

Puis je me fis un devoir de leur laisser cela, avec un petit temps d'angoisse chaque fois que je saisissais l'appareil, que je le rechargeais en pellicule. « Un jour, ils regarderont cette photo et je ne serai plus là, ou ils souffriront en la regardant car il y aura eu un drame… »

Mais j'immortalisais leur enfance en couleurs. La couleur, plus plaisante, chatoyante, plus proche de la vie, distrayait du sens définitif de l'instantané.

Peu à peu, l'angoisse s'apaisa, et les photographier redevint un plaisir.

Le plaisir…

Oui. Le PLAISIR de photographier ! En dépit de mon histoire, de ce qu'elle induit de presque tragique, quel plaisir j'ai eu à trimbaler mon sac et mon matériel partout, à saisir la beauté, la sensibilité de mes camarades acteurs, un détail de la nature, un bout de pays, un moment de l'aube, et quel bonheur, ces heures passées dans mon laboratoire de fortune !

À présent que j'ai « fait le point » sur le drame, que je ne suis plus « focalisée » sur le deuil impossible, que je constate, plus légèrement et librement, à quel point cette « écriture » noire et blanche est belle, épurée, traduisant l'essentiel d'un visage, d'un paysage, qu'est-ce qui m'empêcherait de recommencer ? Pourquoi ne pas me remettre au noir et blanc, pour le simple plaisir ?

J'ai déjà fait réviser mon Leica…

J'ai acheté des pellicules, des TRI-X PAN 400 ASA, ma préférée…

J'en ai même mis une dans l'appareil, j'ai retrouvé le geste, oublié depuis une trentaine d'années, d'appuyer sur le déclencheur et de faire avancer deux fois la pellicule à vide, pour qu'elle soit correctement enroulée, le premier cliché prêt à être impressionné…

Qu'est-ce que j'attends ?

Peut-être de savoir comment les photos de ce livre, ces photographies si personnelles, jamais montrées à quiconque, si précieuses pour moi, comment ces images que j'ai faites avec amour vivent dans le regard des autres – dans votre regard… ?

Si vous les aimez, si vous y trouvez une émotion, parfois de la beauté, alors oui, ça vaut le coup de recommencer.

Mon sac est prêt !

Terminé en Creuse, le 28 juillet 2018.

Table

DU MÊME AUTEUR

L'Admiroir
Seuil, 1976
et « Points », n° P438

Le Nez de Mazarin
Seuil, 1986
et « Points », n° P86

Le Voile noir
Seuil, 1992
et « Points », n° P146

Je vous écris
Seuil, 1993
et « Points », n° P147

Lucien Legras, photographe inconnu
(présentation de Patricia Legras
et d'Anny Duperey)
Seuil, 1993

Les Chats de hasard
Seuil, 1999
et « Points », n° P853

Allons voir plus loin, veux-tu ?
Seuil, 2002
et « Points », n° P1136

Les Chats mots
textes choisis
Ramsay, 2003, 2005
et « Points », n° P1264

Essences et Parfums
textes choisis
Ramsay, 2004
et « Points », n° P1671

Une soirée
Seuil, 2005
« Points », n° P1424

De la vie dans son art, de l'art dans sa vie
(avec Nina Vidrovitch)
Seuil, 2008
et « Points », n° P2249

Chats
Michel Lafon, 2008

Le Poil et la Plume
Seuil, 2011
et « Points », n° P2928

Le Fabuleux Destin de l'œuf et de la poule
Michel Lafon, 2012

Le Rêve de ma mère
Seuil, 2017
et « Points », n° P4901

Conception graphique et réalisation : Cursives, Paris

Photogravure : Red and Colors, Turin
Impression : Gibert Clarey Imprimeurs, Chambray-lès-Tours
Dépôt légal : novembre 2018. N° 140710 (18100025)
Imprimé en France